초월적
가치경영

너와 나의 행복과 성장을 함께 추구하는 경영

초월적
가치경영

글로벌 혁신기업
코스맥스의 미래전략을 엿보다

이홍 지음

더숲
THE SOUP

서문

　또 한 번의 좋은 글을 쓸 수 있는 기회가 온 것 같다. 30년 가까이 경영학을 가르치면서 나의 주된 관심사는 기업들의 경쟁력 향상에 있었다. 어떻게 해야 기업이 좋은 기술을 개발할 수 있는가? 어떻게 해야 기업이 환경의 변화에 잘 적응할 수 있는가? 기업 내부의 비효율을 어떻게 개선할 수 있는가? 이런 문제에 공을 들이면서 오랜 시간을 보냈다. 기업의 경쟁력이 국가 경쟁력이라는 생각 때문이다. 지금도 이 생각에는 변함이 없다. 기업은 올림픽에 출전하는 선수와 같아서 경쟁력이 떨어지면 시장에서 바로 퇴출되기 때문이다.

　그런데 이 과정에서 일탈하는 기업들도 늘어났다. 심지어 어떤 기업들은 사람들에게 위험한 물질로 제품을 만들어 팔기도 하였다. 기업의 경쟁력을 잘못 이해해서다. 사회와 소비자 그리고 구성원을

　　　　　　　　　　　　　　　　　　　　　초월적 가치경영

무시하여도 돈만 잘 벌 수 있다면 기업이 경쟁력이 있는 것이라고 착각하였기 때문이다. 이들 기업에서 무엇이 고장 난 것일까? 고민을 하던 차에 나는 코스맥스라는 기업을 알게 되었고 이 기업의 속살을 볼 수 있는 기회를 가졌다. 그러면서 이타성이 매우 중요한 경영의 요소라는 것을 알게 되었다.

사실 경영은 이기성과 이타성이 혼재되어 있는 영역에 존재한다. 이기성이란 기업이 돈을 벌고자 하는 욕심과 관련이 있다. 그런데 여기에만 집착하면 남을 해치면서 돈을 버는 비정상적인 일이 벌어진다. 경영은 절대 이기성만으로 성립하지 않는다. 돈을 벌기 위해 기업들이 사력을 다하는 것은 이기성 때문이지만 좋은 물건과 서비스를 만들어 소비자들에게 더 많은 혜택이 돌아가도록 하는 것은 이타성이 있어서다. 한국에 라면이라는 새로운 음식이 들어오면서 많은 국민들이 혜택을 입었다. 가난한 서민들에게 라면은 저렴한 돈으로 굶주림을 해결할 수 있는 훌륭한 식사가 되었다. 누가 이런 일을 하였나? 기업이다. 라면을 생산한 기업은 돈을 벌 욕심으로 사업을 시작하였지만 동시에 좋은 물건을 만들어 국민들을 행복하게 하였다. 이기성과 이타성이 교차하는 곳에 기업이 존재한다는 말이다.

그런데 경쟁이 심해지면서 기업들 중에 이타성을 잃는 곳이 나타났다. 이기성만으로 무장된 경쟁력으로 시장에서 이기려는 욕심만 앞서서다. 그러다 보니 소비자와 사회가 다치는 일도 생겨났다. 어떻게 하여야 하는가? 나는 코스맥스라는 회사가 문제해결의 단서를 쥐고 있다고 생각한다. 이 회사는 남을 먼저 생각하면서 돈을 버는 조직시스템을 가지고 있다. 이기성과 이타성이라는 모순 같은 두 개념이 어울리며 기업 경쟁력을 극대화시키는 방법을 찾은 것이다. 많은 기업들은 이타성을, 벌어들인 돈의 일부를 사회에 환원하는 행위정도로만 인식하고 있다. 기업의 사회적 책임이라는 것이 강조되면서 그나마 나타난 것이다. 그런데 코스맥스는 그 반대로 하고 있었다. 남을 먼저 철저하게 배려하고 그 결과로 돈을 벌었다.

처음 회사를 방문하였을 때 의심이 있었다. 정말 회사의 최고 가치를 이타성에 두고도 기업이 돈을 벌 수 있는 것일까? 관찰이 깊어지면서 의심은 탄성으로 바뀌었다. 이 회사 역시 다른 기업처럼 자신만의 경쟁력을 높이기 위해 노력하고 있었다. 놀라운 것은 그 시작점이 고객과 사회 그리고 구성원들을 향한 이타성에 있었다는 것이다. 더 많은 혜택을 고객에게 주기 위하여, 사회와 함께 가기 위하여, 그리고 구성원들의 행복을 걱정하면서 이 회사는 경영되고 있었다. 그렇다면 코스맥스는 사회적 기업인가? 아니다. 철저히 이윤을 추구하는 영리기업이다.

도대체 무슨 일이 코스맥스에서 일어나고 있는 것일까? 이 책에 전부를 담았다. 코스맥스 내부에서 일어나는 일들을 소상히 담아 다른 기업들도 알 수 있도록 하기 위함이다. 그렇다고 오해는 말자. 코스맥스가 완벽한 기업은 아니다. 지금도 다른 기업들을 배우려고 노력하고 있다. 어쩌면 뭔가 배우기 위해 이 기업을 방문하면 실망할지도 모른다. 이 회사의 겉모습만으로는 배울 점이 잘 드러나지 않기 때문이다. 하지만 이타성과 이기성의 조화를 이해하면 이 기업의 참모습을 알 수 있다. 이를 바탕으로 기업을 성장시키는 능력과 그 바탕에 깔린 정신세계는 그야말로 초일류 급이다. 이 회사는 한국, 인도네시아, 중국 그리고 미국에 공장을 세우며 영토를 넓히고 있다. 그 속도도 현란하다. 3년에 공장 하나씩 세우자는 비전이 현실로 나타나고 있기 때문이다. 사업 확장의 밑바탕에는 남을 먼저 생각하는 이타성이 깔려 있다. 기업들이 이타성을 경영 전면에 내세우지 못하는 이유는 이타성과 돈 버는 행위가 무관할 것이라고 생각하기 때문이다. 코스맥스는 이런 생각이 틀렸음을 보여주고 있다. 이 회사에서 벌어지고 있는 일들을 사회에 알리는 것이 나의 책무라는 생각이 들었다. 이 책을 쓴 이유다. 책의 제목을 『초월적 가치경영』으로 정한 이유도 이 기업이 보여준 이타성과 이기성의 조화와 이를 실행하는 경영방식을 표현하기 위해서다.

글을 쓰면서 많은 사람들의 도움이 있었다. 먼저 코스맥스의 이경수 회장님께 감사를 드린다. 바쁜 시간을 쪼개 인터뷰에 응해주셨고 자신의 경영철학에 대한 많은 이야기를 들려주셨다. 문성기 부회장님에게도 감사를 드린다. 코스맥스와 인연을 맺을 수 있도록 해주신 분이다. 코스맥스 차이나의 최경 총경리님에게도 감사의 말씀을 드린다. 상해에서 인터뷰를 하면서 담백하고 솔직한 이야기들을 들을 수 있었다. 박정수 전무님에게도 감사를 드린다. 인터뷰 일정과 출장일정 등을 잡는 귀찮은 일들을 맡아주셨다. 그리고 바쁜 일정을 제치고 인터뷰에 응해주신 코스맥스 그리고 코스맥스 차이

나의 임원분들과 담당자 모두에게도 감사의 말씀을 드린다. 마지막
으로 책을 쓸 때마다 항상 따뜻한 차 한 잔으로 말없이 격려해주던
아내와 이런 기회를 주신 하나님께 감사를 드린다.

광운대학교 연구실에서

이홍

초월적 가치경영

차례

제1장

기업성장을 이끄는
진정한 힘

기업성장을 이끄는
진정한 힘은 어디서 오는가

어떤 기업이 성장에 유리할까? 세상을 휘어잡는 기술을 잘 만들어 내는 기업일까? 고객의 필요를 꿰뚫어보는 힘이 있는 기업일까? 아니면 내부를 효율적으로 잘 단속하는 관리능력이 뛰어난 기업일까?

기술력에 온힘을 쏟는 기업을 기술지향 기업technology-driven company 이라고 한다. 기술에 조직의 핵심가치를 두고 있는 기업이다. 한국의 대표적인 기술추구 기업은 삼성전자의 반도체 사업부다. 이 기업은 도저히 경쟁자들이 따라올 수 없을 정도로 새로운 기술을 발빠르게 선보이며 경쟁자들을 따돌리는 전략으로 세계시장을 석권했다. 이것을 '초격차 전략'이라고 한다. 일본 교토에 있는 기업들도 유사한 전략을 쓴다. 교세라(이전 교토세라믹), 오므론, 호리바 제작소나 일본전산(니덱 코퍼레이션) 같은 기업들이 여기에 해당한다.

교세라는 세라믹 전자부품에서 세계 제일의 기술력을 자랑한다.

일본전산은 소형 모터시장에서 세계 제1의 시장 장악력을 가지고 있다. 소형 모터에 관한 한 누구도 이 기업을 따라가기 어렵다. 모두 초격차 기술력을 통해 강자로 군림하고 있는 기업들이다.

고객에 최우선 가치를 두고 있는 기업을 고객지향 기업customer-driven company이라고 한다. 고객이 원하는 것이나 필요로 하는 것을 재빨리 간파하고 제공하는 경영능력이 핵심이다. 한국에서 고객을 거느리고 다니면서 분양하는 이상한 건설업체가 하나 있다. 호반건설이다. 이 기업은 매년 아파트 분양에서 미 분양률이 업계 최저인 것으로 유명하다. 이유는 뭘까?

아파트를 잘 짓는 것은 기본이다. 호반건설이 지은 아파트는 하자가 없기로 유명하다. 여기에 더 중요한 이유가 있다. 고객의 마음을 잘 읽는 것이다. 이 기업은 방과 베란다를 모두 전면부에 위치시키는 4베이 설계의 선구자다. 4베이는 보통 평형이 큰 아파트에서만 가능한 것으로 알려져 있었다. 하지만 호반건설은 20평대(전용면적 69~99m²)의 소형 아파트에서도 4베이 구조를 선보여 선풍적인 인기를 끌었다.

또 하나, 신기하게도 이 아파트는 사두면 가격이 오른다. 아파트 분양자들의 한결 같은 마음은 자신이 산 아파트 가격이 오르는 것이다. 그런데 호반건설은 바로 이 욕구까지 채워주는 놀라운 능력을 가지고 있다. 비결은 주요 택지지구 분양 시의 민첩성이다. 우리나라의 아파트 시장은 포화기에 접어든 지 오래다. 그러다 보니 택지지구가 마련되어도 건설업체들은 토지를 분양받는 데 미적거린다. 하지만 호반건설은 빠르게 움직였다. 덕분에 좋은 입지의 땅을 경쟁사보다 저렴하게 살 수 있는 기회가 늘어났다. 이런 노른자위 땅에 아파트를 먼저 건축해두고 기다리다 보면 주변 기반시설이 조성됨에 따라 입지가 좋은 호반건설의 아파트 단지에 웃돈이 붙는 현상이 생겼다. 소비자들이 이것을 알았다. 그러다 보니 사람들이 아예 호반건설의 아파트 분양을 쫓아다니는 진풍경이 벌어졌다. 이것이 소문나면서 전국 분양 단지를 쫓아다니며 청약을 하는 마니아들도 등장했다. 다른 회사들이 생각하지 못한 이 회사만의 고객지향성을 엿볼 수 있는 대목이다.

관리력이 뛰어난 기업을 관리지향 기업management-driven company이라고 한다. 아무리 기술력이 뛰어나고 고객지향성이 좋아도 기업을 제대로 관리하지 못하면 기업이 어려워질 수 있다. 대표적인 관리력의 하나가 조직의 비용통제다. 이런 측면에서 세계 일등은 도요타 자동차다. 대부분의 경영이론은 미국에서 출발했지만 도요타로 인해 새롭게 정립된 경영이론이 하나 있다. 바로 린경영lean management이다. 린경영이라는 이름은 미국 학자들이 붙인 것이지만 그 뿌리는 도요타에 있다.

도요타는 유명한 도요타 생산시스템TPS, Toyota Production System의 본산지다. TPS의 핵심은 조직낭비 줄이기다. 생각의 출발점은, 기업은 시장에 대한 가격통제권을 가질 수 없다는 것이다. 독점적 지위를 누리는 경우가 아니면 기업이 마음대로 가격을 올렸다 내렸다 할 수 없다는 얘기다. 이런 상태에서 기업이 성과를 내기 위한 유일한 방법은 비용을 줄이는 것이라고 도요타는 생각했다. 그래서 조직 내부에서 발생하는 낭비에 눈을 돌렸고 이를 최대한 줄이는 방법을 생각해냈다. 이것이 TPS의 요체다. TPS를 다른 말로 하면 '마른 수건 짜기'로 요약할 수 있다. 도요타 성장방식의 비밀이다.

정도의 차이는 있지만 대부분의 기업들은 이 세 가지 요소를 모두 가지고 있다. 하지만 상대적으로 어떤 것을 더 중요하게 여기는가는 다를 수 있다. 이것을 결정하는 것이 조직가치다. 조직가치란 기업 내부에서의 의사결정이나 행동을 결정함에 있어서 기준이 되는 신념을 말한다.

조직가치는 두 가지 서로 다른 신념이 경쟁할 때 어느 하나를 선택하는 데 영향력을 발휘한다. 기술지향 기업은 기술을 조직이 추구할 제일의 가치로 삼는 기업이다. 그래서 조직 내부에서 기술추구와 고객지향이 경합할 때 고객의 요구를 희생시킬 가능성이 높다. 고객지향 기업은 고객이 제일의 가치가 된다. 따라서 다른 어떤 요소들보다 고객을 우선시할 가능성이 높다. 그러다 보면 비용관리가 느슨해질 수 있다. 관리지향 기업은 관리력, 특히 조직의 효율성과 비용 줄이기를 제일의 가치로 삼는 곳이다. 따라서 아무리 좋은 기술을 개발한다고 해도, 고객에게 조금 더 다가가자고 주장해도 비용이 과도해지면 그런 주장들을 무시하는 성향이 있다. 이렇게 한 곳에 방점이 찍힌 가치는 다른 가치를 밀어내는 힘이 있다. 이로 인해 문제가 발생하기도 한다.

기술지향 기업의 비극

기술만 좋으면 과연 최고의 성과를 낼 수 있을까? 항상 그렇지 않다는 것이 문제다. 기술우위 전략을 택하는 기업들에게 치명적인 약점이 하나 있다. 기술적 오만이다. 이런 기업에는 '내 기술이 최고이니 나는 타협 없이 나의 길을 간다'라는 생각이 팽배하게 되고 이로 인한 부작용이 나타날 수 있다. 고객에 대한 시각을 잃는 것이다.

일본에서 이상한 일이 일어났다. 일본의 소재와 부품의 글로벌시장 지배력은 세계 최고인데 정작 최종 소비제품의 글로벌시장 지배력은 여기에 훨씬 못 미치고 있다. 한 예로 스마트폰에 들어가는 소재와 부품은 일본 기업들에 의해 좌지우지되고 있다. 교토에 위치한 무라타 제작소는 세라믹필터 분야의 최강자다. 세계시장에서 80% 이상의 점유율을 유지하고 있다. 일본전산도 스마트폰에 들어가는 셔터용 소형 모터 분야에서 세계시장 70% 이상을 주무르고 있다. 다른 소재나 부품도 비슷하다. 그런데 희한하게도 일본 스마트폰의 세계시장 점유율은 밑바닥이다. 소니에릭슨 정도가 간신히 체면을 유지하고 있는 정도다.

도대체 이런 아이러니가 왜 일어나는 것일까? 이유는 간단하다. 자신들의 기술에 지나치게 자신감이 있어서다. 이들은 다른 나라 기업들이 만드는 스마트폰은 스마트폰이 아니라고 무시해버린다. 그들만의 독특한 성향을 갖는 휴대폰을 만들어놓고는 자신들이 세계 최고라고 생각한다. 애플이 '아이폰'을 출시했을 당시 일본 기업들은 코웃음을 쳤다. 여기저기 기술을 베껴 만든 조잡한 물건이라고 평가한 것이다. 특히 터치 기술은 전혀 새로운 것이 없는 짝퉁 기술이라고 치부했다.

일본의 스마트폰은 매우 정교하고 아기자기하다. 하지만 일본 스마트폰에 대한 세계시장의 평가는 냉혹하다. 너무 복잡하고 불필요한 기능이 많다는 것이다. 고객들은 사양만 독특했지 실제로 이용하기는 불편하고 가격은 비싸다는 불만을 가지고 있다. 그래도 일본 기업들은 이런 폰을 고집한다. 기술적으로 자신감이 충만해 있어서다. 그들은 기술이 좋으면 언젠가는 팔린다는 생각으로 가득하다. 이런 일들이 다른 산업에서도 종종 일어난다. 오죽하면 일본에서 『기술력의 일본이 사업에 실패하는 이유』라는 책이 나왔을까?

기술력에만 방점을 찍는 조직가치는 또 다른 부작용을 낳는다. '배짱장사'의 함정에 빠지기 쉽다. 배짱을 부릴 수 있는 이유는 기술에 대한 자신감 때문이다. 다른 곳에 가봐야 우리 회사에 버금가는 제품이나 서비스를 얻을 수 없으니 사려면 사고 아니면 말라는 식이다. 겉으로는 대단한 기업으로 보이지만 이런 기업은 스스로 잠재적 경쟁자를 불러들이는 잘못을 범하게 된다.

시장은 절대 홀로 장악할 수 없다. 잠재적 경쟁자는 시장에서 틈이 나기를 기다린다. 기술우위에 취해 있는 기업들은 잠재적 경쟁자에게 고객을 홀대하는 틈을 보이는 잘못을 범하기 쉽다. 홀대받는 고객은 유사한 경쟁기업이 없을 때는 참지만 새로운 경쟁기업이 등장하면 바로 고개를 돌려버린다.

고객지향 기업의 비극

고객에게만 모든 가치를 두어도 문제가 나타날 수 있다. 고객가치를 제대로 실행할 수 있는 역량을 충분히 갖추지 못한 채 고객가치에만 집착하게 되면 고객을 기만할 가능성이 높아지기 때문이다. 폴크스바겐 사태가 이것을 매우 잘 보여준다. 폴크스바겐은 연비도 좋고 오염물질도 적게 배출하는 디젤 엔진으로 고객들의 요구에 접근했다. 디젤 엔진이 연비가 좋은 것은 세상이 다 아는 일이다. 하지만 문제는 가솔린 엔진에 비해 오염물질이 많이 나오는 문제를 해결하기 쉽지 않다는 데 있다. 이 두 마리 토끼를 폴크스바겐이 잡았다고 하니 고객이 환호하지 않을 수 없었다. 이 덕분에 파죽지세로 세계 자동차 시장을 흔들었고 폴크스바겐은 막대한 이익을 낼 수 있었다.

그런데 어찌된 영문인지 이것은 사기극으로 끝났다. 미국의 한 작은 연구소가 폴크스바겐의 엔진이 실험실에서는 오염을 적게 배출하도록 하고 실제 주행에서는 원래대로 오염물질이 배출되는 프로그램에 의해 작동되고 있음을 폭로했기 때문이다. 폴크스바겐이 배기가스 저감장치를 기술이 아닌 프로그램으로 조작한 것을 알아낸 것이다. 이로 인해 폴크스바겐은 미국 소비자들에게 17조 9천억 원에 달하는 비용을 들여 배상해야 했다. 그리고 전 세계에서 자신들의 자동차를 리콜하느라 진땀을 뺐다. 당연히 지금까지 번 것은 공수표가 되었다. 왜 이런 일이 일어났을까? 이유는 간단하다. 고객가치 추구에 대한 강박성이 이들로 하여금 거짓말을 하도록 했기 때문이다.

유사한 사례를 미쓰비시 자동차에서도 발견할 수 있다. 일본 자동차 회사로는 최초로 미쓰비시는 자신들이 연비를 조작했음을 시인했다. 일본 국토교통성에 제출한 자료에서 실제보다 연비가 좋은 것처럼 속였다는 것이다. 미쓰비시가 만든 약 100만 대의 차량에 대한 연비를 조작한 것으로 드러났다. 연비조작의 이유는 소비자들의 마음을 붙들기 위한 강박관념에서 비롯된 것이었다.

전 세계적으로 자동차 연비를 개선하려는 노력은 목숨을 건 전투와 비슷하다. 일본에서의 경쟁은 더욱 심하다고 한다. 일본에서는 0.1km단위에서조차 어느 차가 더 연비가 우세한가를 가지고 서로 경쟁한다. 그러다 보니 연비경쟁에서 뒤처지면 판매가 어렵다고 판단했고 이런 압박감 때문에 소비자들에게 거짓 정보를 제공한 것으로 드러났다.[1] 결국 미쓰비시는 이 사건으로 자동차 사업을 접고 르노닛산에 인수되는 비운을 맞게 되었다.

관리지향 기업의 비극

조직의 가치를 관리력, 특히 비용관리를 잘하는 능력에 두고 있는 기업에서도 심각한 문제가 일어날 수 있다. 2014년 2월 일본식 덮밥인 규동을 판매하는 스키야라는 체인 기업에서 아르바이트 점원들이 동시에 회사를 그만두어 회사가 순식간에 위기에 처한 일이 있었다.

일본에서는 수많은 규동 체인점들이 숨막히는 경쟁을 벌이고 있다. 그만큼 원가를 줄여야 하는 압박이 심할 수밖에 없다. 스키야는 이 문제를 타개하기 위해 기막힌 방법을 생각해냈다. 각 점포에 최저임금만 줄 수 있는 아르바이트 점원을 고용하되 최저인건비 이외에는 전혀 돈이 안 나가는 방법을 고안해낸 것이다. 바로 아르바이트 점원들을 일인사업자로 만드는 방법이었다.

일반 아르바이트는 비정규직이기는 하지만 어쨌든 노무계약을 맺어야 한다. 이로 인해 드는 비용조차 아까웠던 스키야는 노무계약이 아닌 '업무위탁계약'을 맺었다. 이렇게 일인사업자를 만들면 잔업수당을 안 주어도 되고 고용주가 지불해야 할 보험을 안 들어 줘도 된다. 그리고 아르바이트 일인사업자들에게 매출 압박을 가할 수 있다. 1시간에 최소 5,000엔을 매출해야 한다는 계약을 맺고 이를 달성하지 못하면 그 시간만큼 일을 더 하게 하거나 시급에서 차감하는 방법을 썼다.

심지어 '원 오퍼레이션 제도'라는 것을 만들어 손님이 없는 심야 영업시간대에는 한 명의 점원이 근무하면서 주문도 받고 요리하고 계산하도록 했다. 화장실을 갈 경우는 근무지를 이탈한 것으로 간주했다. 이러한 노동 강도는 경쟁기업들인 요시노야나 마츠야에 비하면 엄청난 것이었다.

이런 식으로 아르바이트 점원들을 관리하던 중 사건이 터졌다.

스키야가 경쟁사 음식을 모방해 도입한 신 메뉴 '나베 정식' 때문이었다. 나베 정식은 스키야의 다른 메뉴들보다 음식 위에 고명(토핑)을 만드는 시간이 길고 끓이는 타이밍이 중요했다. 그리고 설거지 하는 시간도 더 걸렸다. 한마디로 점원의 숙련도가 매우 중요한 메뉴였다. 숙련도가 낮은 아르바이트 점원들은 나베 정식을 죽음의 메뉴라고 불렀다. 그러던 중 한 점원이 "이런 상황에서는 더 이상 일하기 어렵다"는 푸념 한 마디를 SNS에 올리게 된다. 이것을 본 스키야 다른 가게의 점원들도 이에 동조하면서 한꺼번에 모든 아르바이트 점원들이 일을 그만두는 사태가 벌어졌다.

한번은 이런 일도 있었다. 한 손님이 심야에 스키야 식당에 들어 갔는데 한참을 기다려도 아무도 주문을 받으러 나오지 않았다. 그 래서 주방에 가봤더니 거기서 한 점원이 쪽잠을 자고 있었다. 손님은 이 장면을 사진과 함께 트윗에 올렸고, 사진은 순식간에 전국으로 전파되었다.

이런 일들로 인해 전국 스키야 매장은 직격탄을 맞았다. 상당수의 점포가 휴업이나 폐업을 해야 하는 사태에 이른 것이다.

초월적 가치경영

왜 이런 비극들이 발생하는가? 이유는 기술지향가치, 고객지향가치 그리고 관리지향에 의한 효율 가치들이 적절한 통제범위 내에서 작동하지 못하고 극단으로 흘렀기 때문이다. 기술우위를 높이고 고객지향성을 강화하며 관리적 효율성을 높이려는 이유는 더 많은 돈을 벌고자 하는 기업의 욕구에 있다. 문제는 이러한 욕구가 일정한 임계점을 넘어서면 단순히 돈을 버는 행위를 넘어 누군가를 해치고 궁극적으로는 자신을 해치는 상황으로도 발전될 수 있다는 점이다.

어떻게 해야 그 문제를 해결할 수 있는가? 핵심은 그 세 가지 가치들이 갖는 이기성을 일정한 수준에서 조율하는 상위가치가 조직에 배어 있도록 하는 것이다. 이 상위가치를 '초월적 가치'라고 한다. 초월적이라는 말은 '나'라는 경계를 넘어섬을 의미한다. 종교에서 시작된 말이다. 신을 위해 자신을 넘어서거나 버리는 행위를 종교에서는 초월적이라고 한다. 이 초월성이 경영에서도 매우 중요하다. 경영에서의 초월성이란 '나를 넘어서 남을 우선시하는 것'으로 정의할 수 있다. 여기서 남은 고객, 조직구성원, 협력업체와 같은 파트너 그리고 더 넓게는 사회 전체를 말한다. 초월적 가치를 중심으로 기업을 운영하는 것을 '초월적 가치경영'이라고 한다. 이것이 갖추어져 있을 때 기술, 고객, 그리고 관리 중심의 가치들을 통제하면서 그들만에 의한 극단적 경영의 해악을 막을 수 있다.

여기서 질문이 있을 수 있다. 정말 그럴까? 그리고 초월적 가치경영이 지속가능성이 있을까? 또 어떻게 실행해야 하는가? 이러한 질문에 답하지 않고서 무작정 초월적 가치경영에 뛰어들려는 것은 매우 위험한 발상이다.

다행히도 초월적 가치경영이 지속가능성을 가지고 작동할 수 있다는 사실과 이에 대한 노하우도 알려줄 수 있는 기업이 한국에 있다. 코스맥스라는 화장품 ODM(제조자 개발생산) 회사다. 이 기업은 많은 사람들에게 알려져 있지 않고 화려한 경영기술을 구사하는 것도 아닌데 기업 성장세가 놀랍다. 단서는 일관되게 추구해온 초월적 가치경영에서 찾을 수 있다.

이 회사를 관찰하면서 초월적 가치경영의 위력을 새삼 느낄 수 있었다. 그래서 책을 쓰기로 마음먹었다. 다른 기업들에도 초월적 가치경영의 메커니즘이 실현될 수 있기를 바라면서다.

제2장

초월적 가치경영
이해하기

인간이 갖는 두 마음과
초월적 가치경영

'나를 넘어 남을 우선시하는 경영'을 초월적 가치경영이라고 정의했다. 그렇다면 구체적으로 무엇을 의미하는가? 먼저 인간이 가지는 두 마음과 이것의 조화에 대해 이해할 필요가 있다.

인간에게는 두 마음이 있다. 하나는 나의 이익을 우선시하는 마음이다. 이것을 이기심이라고 한다. 이기심은 그 자체로 나쁜 것이 아니다. 흔히 어떤 일의 '동기'는 대부분 인간의 이기적인 마음과 관련이 있다. 이기적 마음에서 오는 동기가 없다면 사람들은 노력할 이유가 없고 따라서 발전도 없다.

하지만 자신만을 위한 동기로 무장된 이기심은 역효과를 내기도 한다. 나의 이익을 위해 다른 사람의 이익을 침해할 뿐만 아니라 결국은 이로 인해 자신이 손해를 입는 상황이 벌어질 수 있기 때문이다.

이에 비해 남을 우선시하는 마음을 이타적이라고 표현한다. 초월적 가치경영에서는 이 이타성이 중요한 역할을 한다. 여기서 '기업에 이타성이 필요한가?'라는 의문이 제기된다. 기업이 돈을 벌고자 하는 마음인 이기성을 버리는 것이 옳은 일일까? 현실적으로 이타성만을 존재 이유로 하는 기업들은 없다. 그리고 기업에 이기적인 마음을 없애고 순전히 이타적이 되라고 주문하는 것도 매우 위험한 발상이다. 기업은 이윤창출을 통해 사회에 기여하는 것이 첫 번째 임무이기 때문이다. 이윤이 없으면 제품이나 서비스를 지속적으로 생산하기 어렵다. 또한 기업에 근무하는 사람들에게 적절한 보상도 불가능하다. 세금도 낼 수 없다.

그렇다면 초월적 가치경영의 정체는 무엇인가? 이기성에 이타성을 추가하는 것일까? 많은 기업들이 하듯이 연말이 되면 불우이웃 돕기 같은 선행을 실천하면 되는 것일까? 그렇지 않다. 이런 행위들도 필요할지 모르지만 초월적 가치경영은 단순히 기업의 이기성에 이타성을 물 타듯이 섞는 것을 의미하지 않는다.

자세한 설명을 위해 〈그림 2-1〉을 보자. 〈그림 2-1〉은 인간이 갖는 두 마음인 이기성과 이타성으로 인해 발생하는 네 가지 경우를 보여준다. 그림에서 행위목적이란 누구를 위해 행동했는가를 말한다. 자신을 향해 있는 것을 '이기적', 타인을 향해 있는 것을 '이타적'이라고 한다. 결과수혜는 행위로 인해 누구에게 수혜가 돌아가는가를 의미한다. 결과에 대한 수혜가 자신에게만 귀속되는 것을 '이기적', 타인에게 귀속되는 것을 '이타적'이라고 한다.

그림 2-1 이기성과 이타성의 관계

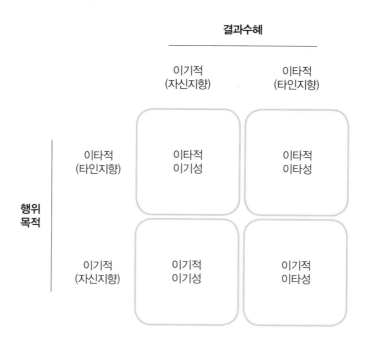

결과수혜

| | 이기적
(자신지향) | 이타적
(타인지향) |

행위
목적

이타적
(타인지향) — 이타적
이기성 — 이타적
이타성

이기적
(자신지향) — 이기적
이기성 — 이기적
이타성

〈그림 2-1〉에서 '이기적 이기성'은 그야말로 자신만을 위한 극단적인 이기성을 말한다. 타인에 대한 인식은 전혀 없고 모든 행동과 이로 인한 결과의 수혜가 자신에게만 귀속되는 경우다. 이것과 반대에 있는 것이 '이타적 이타성'이다. 모든 삶을 순전히 타인을 위해 행동하고 또 결과도 타인에게 귀속시키면서 살아가는 방식이다. 성인들의 삶이나 종교적 삶에서 관찰된다.

'이기적 이타성'의 조합도 있다. 행동은 나의 이기적 목적에서 시작되었지만 자신의 의도와 상관없이 결과적으로는 남을 돕는 이타성이 나타나는 경우다. 자연생태계에서 종종 관찰된다. 벌이나 나비는 이기적인 목적으로 꽃의 꿀을 모은다. 그런데 이 행동은 자신의 의지와 상관없이 꽃의 수정을 돕는 결과로 나타나게 된다.

비즈니스에서도 유사한 일이 가끔 일어난다. 많은 한국 기업들이 뜻하지 않은 행운을 얻었다. 바로 한국 음악이나 드라마로 인한 한류 덕분이다. 가장 큰 덕을 본 업계가 화장품 업체들이다. 그렇다면 이러한 효과를 음악 제작사나 드라마 제작사가 사전에 계산했을까? 천만에 그런 일은 없었다. 그저 자신들을 위한 비즈니스를 하다보니 결과적으로 그렇게 된 것이다.

〈그림 2-1〉에는 또 다른 경우가 제시되어 있다. 바로 '이타적 이기성'이다. 의도적으로 남을 위한 이타적 행위를 함으로써 그 결과로 자신도 혜택을 받는 경우를 말한다. 〈그림 2-1〉의 네 가지 경우 중 초월적 가치경영은 바로 '이타적 이기성'이 작동하는 상황을 말한다.

그런데 '이기적 이타성'과 '이타적 이기성' 모두 결과적으로는 남을 돕는다는 면에서는 유사하기 때문에 혼동이 생길 수 있다. 그렇다면 이기적 이타성도 초월적 가치경영의 일종인가? 분명히 말하지만 이것은 초월적 가치경영이 아니다. 이것은 단순히 이기적 목적의 행위가 우연히 이타성을 발휘하게 된 경우다. 꾸준히 이타성을 발휘하기 위해 의도된 것이 아니라는 뜻이다. 초월적 가치경영은 이와 달리 남을 우선적으로 돕는 의도적 행위가 앞서고 그 결과로 내가 혜택을 얻을 수 있도록 하는 경영이다. 다시 말해 '이타적 이기성'이 기업 내에서 체계적으로 일어날 수 있도록 관리하고 경영하는 것을 말한다.

한 김밥 체인점에서 식사를 한 적이 있었다. 어쩌다 보니 주인과 긴 시간 대화를 나누게 되었다. 이야기의 시작은 이러했다. "같은 브랜드의 김밥 체인점인데 어떤 매장에 가면 맛이 없고 가게도 지저분하던데 이 집은 다르네요." 그랬더니 주인은 빙그레 웃으면서 이렇게 말한다. "체인점들이 에프엠FM대로 안 해서 그렇습니다." 훈련이나 전투 시 반드시 지켜야 할 수칙을 뜻하는 에프엠처럼, 김밥을 만들 때도 마찬가지로 지켜야 할 것을 지키면 된다는 말이었다. 한마디로 김밥의 맛이 떨어지는 이유는 회사에서 교육받은 원칙대로 안하고 변형했기 때문이란다. 문제는 창조적 의미의 변형이 아니라는 데 있다. 돈을 좀 더 벌 요량으로 일부 재료의 양을 적게 넣거나 밥을 짓는 시간을 지키지 않고 주의를 기울이지 않는 등의 편법을 동원한 변형을 하는 것이다. 게다가 집기나 내부 인테리어들이 닳고 지저분해져도 돈이 아까워 재투자를 하지 않으니 가게가 더러워질 수밖에 없다는 얘기다.

비유하자면 이런 김밥 집은 〈그림 2-1〉에서 이기적 이기성만 생각하는 가게라고 할 수 있다. 물론 김밥 집 역시 돈을 벌어야 하는 곳이다. 사회봉사를 목적으로 하는 비영리 단체가 아니다. 하지만 이런 김밥 집이라고 해도 고객을 위한 이타성이 필요하다. 맛과 청결을 유지하기 위해서는 다른 생각 하지 않고 에프엠대로 하면 된다는 것이 가게 주인의 주장이었다. 에프엠대로 하는 것이 곧 이타적 이기성의 출발점이다. 딴 생각 말고 원래 고객들에게 해야 할 것을 철저히 하면 고객이 이것을 알고 돈을 벌게 해주는 것이 바로 이타적 이기성의 원리다.

그런데 이타적 이기성을 유지하는 것이 말처럼 쉽지는 않다. 주위에서 초심을 잃었다는 말을 흔히 듣는다. 개업 당시에는 마음과 정성을 다해 고객을 맞이하다가도 어느 정도 돈을 벌게 되면 점차 고객들을 등한시할 때 쓰는 말이다. 결과는 어떨까? 결국 이 가게는 문을 닫고 만다. 이유는 가게를 시작할 때의 이타적 이기성이 시간이 지나면서 이기적 이기성으로 변했고, 이것을 고객들이 알아차리기 때문이다.

어느 날 차를 운전하면서 라디오를 들은 적이 있다. 자영업 컨설팅을 하는 한 전문가가 나와 이런 말을 했다. "더 주어서 망하는 장사는 없습니다." 가게가 망하지 않고 돈을 많이 벌려고 하는 마음은 분명 이기적인 것이다. 그런데 이 전문가는 그렇게 하려면 더 주라고 말한다. 우선 이타성을 보여주라는 것이다. 이것이 이타적 이기성의 마음이다. 그리고 이것이 초월적 가치경영의 핵심적인 생각이다.

기술우위, 고객지향성, 그리고 관리력에 기반한 효율경영은 기업경영에서 없어서는 안 되는 요소다. 그래서 경영전문가들은 지속적으로 이 가치들을 극대화하기 위한 역량과 기술을 가르쳤다. 하지만 여기에 매몰되면 자신의 이기성만 키우게 된다. 이런 문제를 해결하려면 초월적 가치가 상위에서 작동하면서 기업이 극단적으로 나가

그림 2-2　기업의 새로운 성장공식

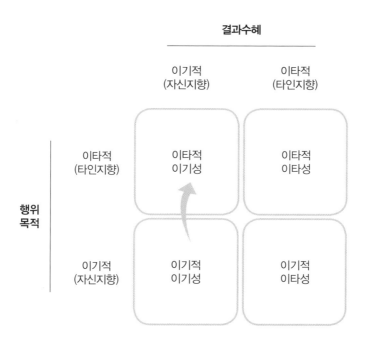

는 것을 막아야 한다. '이기적 나'를 넘어서 '너'를 생각하는 이타적 마음이 이기심만 발휘하려고 하는 마음을 조절해주어야 한다는 뜻이다.

그렇게 되면 이기적 이기성에만 매몰된 것이 아닌 이타적 이기성으로 무장된 새로운 경영을 할 수 있다는 것이다. 과거에는 많은 연구논문이나 서적들이 이기적 이기성을 무장시키는 경영기법만을 양산했다. 여기서 탈피해 나만 바라보았던 과거의 방식에서 남도 쳐다보는 방식으로 나가자는 것이다. 이것을 나타낸 것이 앞의 〈그림 2-2〉다.

그렇다면 이타성을 발휘하게 될 대상인 남이란 누구를 말하는 가? 기업의 경우에는 '이해관계자'라고 정의할 수 있다. 첫 번째 이해관계자가 바로 고객이다. 두 번째는 조직구성원이다. 고객을 돕는 일을 할 뿐만 아니라 기업에 이윤을 만들어주는 주체다. 세 번째는 우리 기업과 호흡을 같이하고 있는 사회다. 사회는 직간접적으로 기업에 영향을 미치며, 사회의 도움 없이 기업은 존재할 수 없다. 여기에는 우리 회사를 돕는 협력사, 기업이 성장 배경으로 하고 있는 커뮤니티, 그리고 포괄적 의미의 국민과 사회가 포함된다.

조직가치의 이해

초월적 가치경영을 좀 더 깊이 있게 이해하려면 조직가치를 먼저 이해할 필요가 있다. 초월적 가치경영은 기업의 정신세계 및 조직가치와 밀접한 연관을 가지기 때문이다. 여기서 가치란 좋고 싫음의 기준이 되는 신념, 즉 무엇을 먼저 하고 무엇을 나중에 할 것인가에 영향을 미치는 믿음을 말한다.

조직에서 가치는 다양한 모습으로 존재한다. 제1장에서 이야기한 세 종류의 기업, 즉 기술지향, 고객지향, 관리지향 기업들은 각기 기술, 고객, 비용관리라는 그들만의 고유한 조직가치를 우선으로 삼고 있는 기업들이다. 이 세 가지 가치를 특별히 역량가치라고 한다. 역량가치는 한 조직이 어떤 조직능력에 최우선하는가를 가리키는 말이다. 기술과 비용관리의 가치가 부딪칠 때 어떤 기업은 기술을 개발하는 쪽으로 의사결정을 하고, 어떤 기업은 비용관리에 중점을 두는 의사결정을 한다. 이것에 영향을 미치는 것이 기업의 역량가치다. 고객과 기술이 부딪칠 때도 비슷하다. 고객에 우선적인 가치를 두는 기업은 고객이 원하는 기술을 개발하기 위해 노력하고 기술에 우선적인 가치를 두는 기업은 자신들의 능력을 드러낼 수 있는 방향으로 기술을 개발한다.

한때 일본의 자동차 회사였던 닛산은 지독한 기술지향형 기업이었다. 자신들의 자동차 기술에 한없는 자부심을 가지고 있었다. 그런 자부심이 어디서 나왔는지는 기업 구성원들을 보면 잘 알 수 있다. 닛산의 자동차 엔지니어의 90% 이상은 도쿄대 출신이었다. 닛산은 말 그대로 일본 최고 수준의 엔지니어들이 모여 자동차를 만드는 회사였다. 이들은 어느 회사보다도 기술적으로 훌륭한 자동차, 자동차의 전문가들이 보면 탄복해 마지않는 자동차를 만들었다. 하지만 문제가 있었다. 자신들의 기술을 고객의 요구에 맞추지 못했다. 그들은 기술적 타협을 참지 못했다. 고객이 싫어하니 바꾸자고 하면 고객이 몰라서 그런 것이라 생각하고 자신들의 주장을 굽히지 않았다. 결국 이 기업은 도산해 프랑스의 르노자동차에 팔리게 된다.

닛산과 달리 고객지향성이 강한 기업이 도요타다. 도요타에 근무하는 엔지니어들의 면면을 보면 닛산과는 확연한 차이가 있다. 이 회사의 주력 엔지니어들은 일본 나고야 지역의 지방대 출신들이다. 그래서인지 도요타의 자동차 기술력은 닛산의 80%라는 말을 많이 한다. 하지만 이 기업은 상대적으로 고객에 민감하다. 새로운 자동차를 출시하고 시장 반응이 미지근하면 재빠르게 고객의 욕구를 간파해 그것에 맞추어 신 모델을 출시한다. 고객과 주파수를 맞추기 위해 노력하는 것이다. 그래서 도요타는 닛산을 이용하기도 한다. 닛산은 새로운 개념의 차를 출시하는 능력이 뛰어나다. 그런데 새로 출시된 차가 팔리지 않는 경우가 종종 발생했다. 그러면 닛산은 이 차의 생산을 접어버리고 또 다른 차를 개발한다. 하지만 도요타는 닛산이 제시한 신개념의 차를 가져다가 적절히 변형해 시장에서 성공시키는 능력이 탁월하다. 그것이 오늘날 도요타가 생존하는 이유다.

　도요타에서 강조되는 또 다른 조직가치가 있다. 바로 낭비를 철저히 줄여 원가를 가능한 낮추어야 한다는 신념이다. 이것을 바탕으로 원가감축의 관리방법인 TPS를 구축했고 린경영으로 발전했다는 것을 이미 소개했다. 그런데 이런 신념이 지나쳐 문제를 일으킨 적이 있었다. 문제의 발단은 기업수익을 개선하기 위해 총원가의 30%를 줄이는 캠페인을 벌인 것에서 시작됐다. 이 캠페인이 완수되기 위해서는 협력업체들도 비용을 줄이기 위해 뼈를 깎는 노력을 해야 했다. 하지만 도요타의 요구를 맞출 수 없는 미국의 한 협력업체가 낭비를 줄이는 대신 저가 자재를 사용하였다. 결국 이 회사가 만든 가속페달에 불량이 발생했다. 가속페달이 바닥에 깔린 두꺼운 매트에 끼어 위로 올라오지 못하는 바람에 큰 사고가 발생한 것이다. 2009년 8월 미국의 고속도로에서 도요타의 '렉서스 ES350'을 운전 중인 운전자와 동승인 4명이 이로 인해 사망했다.

처음에는 매트에 문제가 있는 것으로 알려졌지만, 정밀 조사결과 저가 가속페달의 문제로 밝혀졌고 그후 후속 조사가 진행되자 도요타 차 전반에서 저가의 불량부품들이 사용되었음이 드러났다. 미국의 이 회사만 그런 것이 아니라 도요타에 납품을 하는 많은 협력업체가 저가 부품으로 낭비 줄이기를 대신한 것으로 드러났다. 급기야 전 세계에서 팔린 도요타 자동차들이 리콜되었다. 그 수가 1,000만 대를 훌쩍 넘었다. 도요타의 한 해 전 세계 판매량보다 많은 숫자다. '카롤라' '캠리' '라브4' 하이브리드카 '프리우스' '렉서스' 그리고 소형 트럭 '타코마'에 이르기까지 리콜이 확산되면서 도요타의 명성은 한순간에 무너졌다.

기업에서 유사한 일들이 일관되게 반복되는 이유는 조직의 의사결정의 방향을 하나로 몰고가는 어떤 힘이 있기 때문이다. 이것이 조직가치다. 조직가치에는 긍정적인 가치도 있고 부정적인 가치도 있다. 부정적인 가치와 이로 인한 행동은 대부분 자신의 이기적 목적에 집착할 경우에 생긴다. 이렇듯 조직가치는 기업의 의사결정과 행동에 영향을 미치는 매우 중요한 요인이다. 이것을 보여주는 것이 뒤에 나오는 〈그림 2-3〉이다.

〈그림 2-3〉을 살펴보면 조직가치가 궁극적으로 조직성과에 영향

을 주는 이유는 그것이 가장 먼저 조직 내 구성원들의 태도에 영향을 미치기 때문임을 알 수 있다. 조직가치에 의해 형성된 구성원들의 태도는 당연히 조직의 행동에 영향을 준다. 원가를 더 아껴야 할지, 아니면 이로 인해 고객에게 발생할 문제를 먼저 고려해야 할지가 여기서 결정된다. 이렇게 결정된 구성원들의 행동에 따라 조직의 성과가 나타난다.

물론 이런 과정은 경영환경에 따라 달라지기도 한다. 독점적인 경영환경에서는 기업의 힘이 강하여 이기적으로 행동을 해도 돈을 많이 벌 수 있다. 하지만 경영환경이 매우 경쟁적이거나 기업에 불리한 경우는 자신만을 위한 이기성에 입각한 행동이 치명적 결과를 불러올 수 있다.

〈그림 2-3〉을 조금 더 자세히 살펴보자. 〈그림 2-3〉은 조직가치가 사람들의 생각에 어떤 영향을 미치는지도 설명하고 있다. 조직가치가 구성원들의 태도에 영향을 미치게 되면 사람들은 이로 인해 환경으로부터 얻는 정보를 지각하고 인식하는 방식이 달라진다. 조직이 강조하는 가치에서 벗어나는 정보에 대해서는 무관심해지고 오로지 조직이 요구하는 가치에 부합하는 환경정보에만 관심을 갖는다는 말이다. 기업이 원가절감을 가장 중요한 가치로 인식하게 되면 사람들은 원가절감에 지나치게 매달린 나머지 이로 인해 발생할 고객위험에 대한 정보에는 등을 돌리게 된다. 반대로 자신들의 입장과 일치하는 정보에 대해서는 관심을 갖고 들으려 한다. 이렇게 되면 기업 내부에는 다른 정보는 버리고 자신들의 가치를 정당

그림 2-3 조직가치-조직태도-조직행동-조직성과 연쇄[2)]

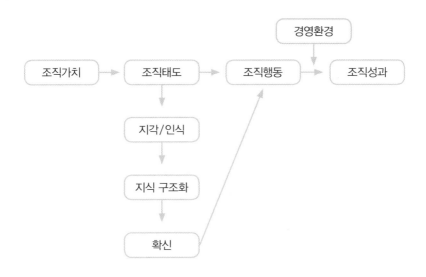

화하는 지식과 정보들만 가득 차게 된다. 그런 식으로 조직원들의 생각을 한 방향으로 밀고나가는 것이다.

도요타가 총원가의 30%를 줄이는 캠페인을 벌이게 된 것도 도요타의 원가 줄이기 가치에서 나온 것이다. 이런 행동들이 순조롭게 조직성과로 이어지면 좋지만 그렇지 않은 경우도 발생한다는 것이 문제다. 경영환경의 조건에 따라 어떤 경우에는 조직에 치명적인 결과를 안길 때가 있다. 도요타의 대규모 리콜사태가 바로 이것을 증명한다.

〈표 2-1〉은 조직가치의 역할들을 좀 더 자세히 알려준다.

표 2-1 조직가치의 기능

조직 수준에서의 기능	조직구성원 수준에서의 기능
전략적 방향 제시	회사에서 일의 중요성 또는 순위에 대한 정보 제공
대외적 조직행동의 합법적 기반	기회주의적 행동을 막는 장치
조직환경의 변화에 따른 역경을 이겨내게 하는 힘	스스로 자신을 되돌아보게 하는 성찰적 기능
외부 환경에 대한 조직행동의 결정과 행동 시 가이드라인	회사에서 수용되는 행동과 그렇지 않은 행동을 구분하여 알려주는 기능
고객과 기업 사이의 관계 설정	조직 내 개인과 기업 사이의 관계 설정
조직문화의 심층 하부구조	사고방식의 심층 하부구조

역량가치만 강조된
조직가치의 부작용 줄이기

기업의 역량만을 강조하는 가치, 즉 기술, 고객, 관리 효율성만을 지향하는 가치들을 아무런 통제 없이 운영하게 되면 마치 폭탄 돌리기와 같은 부작용이 일어난다. 타인에게는 관심이 없고 자신만 돌아보려는 이기성이 강화되기 때문이다. 어떻게 해야 이런 부작용을 줄일 수 있을까? 초월적 가치가 이들을 적절한 수준에서 통제해주어야 한다. 나의 이익만 고려하기 전에 남에게 미칠 부작용도 생각하는 이타적 이기성이 작동할 수 있도록 해주는 것이다. 이것을 설명하는 것이 다음 쪽의 〈그림 2-4〉다.

〈그림 2-4〉에서 위쪽 그림은 기술지향가치, 고객지향가치, 관리지향가치라는 조직의 역량을 높이기 위한 가치들만 작동하는 기업의 모습을 보여준다. 이 경우 기업은 기술, 고객, 관리적 가치에만 관심을 갖는 의사결정과 행동을 보이게 된다. 하지만 이렇게 되면 기업은 이들 역량을 강화해 돈을 벌려는 이기적 목적에만 몰두할 가능성이 높다. 결국 앞장에서 설명한 기술지향 기업의 비극, 고객지향 기업의 비극 그리고 관리지향 기업의 비극에 빠질 가능성이 높다.

이것을 통제하는 방법은 기술지향적, 고객지향적, 관리지향적 가치들이 초월적 가치에 의해 적절하게 통제될 수 있도록 하는 것이다. 〈그림 2-4〉의 아래쪽 그림이 이것을 보여준다. 이 경우 기업들은 기술지향가치, 고객지향가치, 관리지향가치를 기업의 형편에 따라 선택하되 이들 가치로 인해 해를 입을 수 있는 타인을 의식하면서 행동을 취하게 된다. 예를 들어, 고객지향성에 무게를 둘 때 눈속임이나 거짓이 아닌 진정성 있는 고객가치를 구현하도록 유도해준다. 비용절약을 위한 관리적 가치에 무게를 둘 때도 고객에게 피해가 가지 않는 수준의 원가절감이나 관리가 되도록 유도해준다. 이런 일이 도요타에서 일어났더라면 이 기업에 벌어졌던 끔찍한 일은 피할 수 있었을 것이다.

그림 2-4 일반적 가치경영과 초월적 가치경영의 차이

일반적 조직가치에 입각한 경영

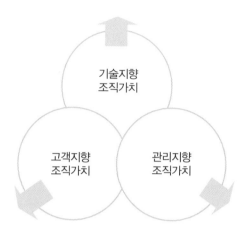

초월적 조직가치에 의해 조절되는 경영

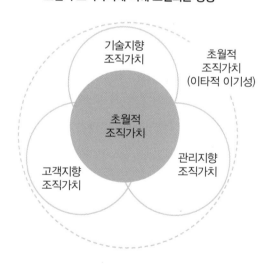

제3장

초월적 가치경영이
주는 선물

초월적 가치경영은
기업에 어떤 이득을 줄까

초월적 가치경영을 하면 정말 기업성과에 의미 있는 결과를 줄 수 있을까? 이 문제에 대해 논란이 있을 수 있다. 남을 우선시하는 것이 오히려 기업성과를 저해할 것 같기 때문이다. 이런 생각에는 기업성과를 단기적으로만 바라보는 시각이 깔려 있다.

분명 초월적 가치는 단기적 성과에 부정적인 영향을 미칠 수 있다. 남을 위해 쓰는 비용을 최소화하고 심지어 속이거나 이들에게 피해를 주는 방식으로 돈벌이를 하는 것이 단기적으로는 유리할 수 있기 때문이다.

그런데 초월적 가치는 단기적 승부에 집착하는 순간 무너지게 된다. 초월적 가치경영은 마라톤과 같아서 경영의 긴 호흡을 필요로 한다. 적어도 남이 초월적 가치의 진정성을 이해하고 받아들이기까지 일정한 시간이 필요하다. 따라서 단기적 성과주의에 몰입된 기

그림 3-1 초월적 가치경영의 효과

업들은 초월적 가치경영을 수행하기 어려워한다. 하지만 인고의 시간을 넘기면 초월적 가치경영은 기업에 엄청난 선물을 준다. 선물에는 세 가지가 있다. 첫째, 기업의 미래 위험을 줄여주는 리스크 관리 효과다. 둘째, 기업의 진정성을 이해한 타인이 도와주는 외부보상 효과다. 셋째, 기업의 창의성을 자극하는 효과다.

리스크 관리 효과

최근 기업들은 돈을 얼마나 벌고 비용을 얼마나 줄일 것인가뿐만 아니라 어느 날 갑자기 찾아오는 리스크에 의한 손실을 어떻게 줄일 것인가 하는 측면에도 관심을 돌리고 있다. 아무리 기업성과가 좋아도 불미스러운 한순간의 사고로 지금까지 축적한 모든 것을 잃을 수 있기 때문이다. '블랙스완 신드롬'이라는 말이 이것을 대변한다. 이 말은 2007년에 미국에서 출간된 나심 니콜라스 탈레브의 『블랙스완』이라는 책에서 비롯되었다.

18세기에 2명의 조류학자가 호주에서 이상한 새 한 마리를 보았다. 분명히 백조 무리에 있고 생김새도 백조인데 색이 검은, 블랙스완이었다. 백조 무리에서 흑조가 태어나는, 이상한 일이 일어난 것이다. 이것이 학계에 보고되면서 수천 년 동안 정설로 굳어진 백조는 '하얀 새'라는 견해가 무너져버렸다. 조류학계에 보고된 이 기이한 현상에 빗대어 등장한 단어가 '블랙스완 신드롬'이다. 그후 이말은 어느 날 갑자기 이상한 일이 벌어지면서 세상에 충격을 주는 사건을 의미하는 말로 통하게 된다. 또한 예상치 못한 거대한 리스크의 발생을 의미하기도 한다.

이런 리스크는 기업이 아무런 잘못을 하지 않았는데도 발생할 수 있다. 전쟁이나 갑작스런 기상이변 등으로 타격을 받는 경우다. 하지만 기업에서 발생한 리스크의 상당 부분은 기업에 초월적 가치가 작동했다면 막을 수 있었던 것들이었다.

2005년 3월 미국 텍사스 주에 있는 브리티시 페트롤리엄BP 정유 공장에서 엄청난 폭발 사고가 일어났다. 이 공장은 미국에서 세 번째로 큰 정유시설로 47만 5천 배럴의 정유를 처리해왔다. 이 사고로 15명이 사망했고 180여 명이 다치는 일이 벌어졌다. 회사가 입은 손실만도 15억 달러가 넘었다. 미국 정부는 사고의 책임을 물어 BP사에 2,136만 달러(원화 약 250억 원)의 벌금을 부과했다.

4년 뒤 사고 원인에 대한 보고서가 발간되었다. 사고를 부른 원인은 근로자들의 과중한 업무와 누적된 피로였다. 당시 BP는 경영 효율을 위한 비용절감 혁신 캠페인을 벌이고 있었다. 25% 비용절감이 목표였다. 첫 번째 타깃은 일 없이 놀고 있는 것처럼 보이는 오퍼레이터로, 컴퓨터를 통해 공정을 관리하는 사람들이었다. 이들에 대한 대대적인 인원감축이 있었다. 이렇게 되자 남은 직원들의 업무량이 3배로 늘어났다. 24대의 스크린에 표시되는 수많은 공정을 남은 사람들이 담당해야 했다. 이러다 보니 점심 먹을 시간도 없었다. 스크린 앞이 식당이었다. 사고 당일까지 29일을 연속으로 아침 6시부터 하루 12시간씩 일을 했다. 당연히 잠이 모자라고 피로가 누적된 상태였다. 이들의 상사들도 마찬가지였다. 업무량이 많아지자 한 사람 한 사람에 대한 감시와 감독이 소홀해졌다. 사고 징후를 감지하고 대처하는 것이 어려워졌다.[3]

이 사고의 진정한 원인은 무엇일까? 위험을 수반하는 일을 처리하는 종업원이라는 남을 비용덩어리로 인식한 데 있다. 기업의 경우 인건비 절약을 통한 경쟁력 강화는 필수불가결한 요소다. 하지만 과도한 인원감축 행위가 종업원들에게 어떤 결과로 나타날 것인지에 대해 최소한의 생각만 있었더라도 폭발로 이어지는 무더기 인원감축은 없었을 것이다. 결국 회사는 폭발로 인한 자체 손실은 물론이고 미국 정부에 막대한 벌금을 내야 하는 재무 손실을 입었다. 초월적 가치경영이 작동했다면 지불하지 않아도 됐을 리스크 비용이다.

리스크 관리와 관련해 반드시 생각해보아야 하는 것이 '고 신뢰

조직'이라는 단어다. 이 단어는 기업이 지속적으로 안정성을 가지고 성장하기 위해서는 반드시 알아두어야 한다. 고 신뢰조직이 되기 위해서는 조건이 있다. 첫째는 불안정한 상황이 어떤 순간에도 일어날 수 있다는 경각심이다. 수년 동안 아무런 사고가 발생하지 않았다고 안심해서는 안 된다는 것이다. 이럴 경우 자칫 안전에 투입되는 인력이나 장비가 비용처럼 보일 수 있다. 이러한 비용을 실제로 줄이는 순간 위험은 폭발적으로 늘어나게 된다. 둘째는 아무리 작은 신호에도 민감하게 반응해야 한다는 것이다. 비록 그 신호가 잘못된 경보라고 해도 관심을 가지고 지켜보아야 한다. 한두 번의 잘못된 경보에 속았다고 해서 마음을 놓는 순간 리스크는 발생한다. 셋째는 시스템이나 매뉴얼에만 의존하지 말라는 것이다. 반드시 이런 것들이 유지되기 위해서는 기업 내부에 초월적 가치의 중요성이 인식되어 있어야 한다. 사고로 인해 사회가 받을 충격, 종업원이 입을 피해 등이 머릿속에 떠올라야 한다. 이런 생각을 하는 당시에는 바보스럽고 비효율적인 것처럼 보이겠지만 블랙스완 사건이 터지면 그 비용은 기업을 붕괴시키는 힘으로 작용할 수도 있음을 명심해야 한다.

외부보상 효과

초월적 가치경영의 또 다른 효과는 외부보상이다. 남이 나를 돕는 행위를 말한다. 미국에서 조그만 슈퍼마켓을 하던 한 한국 여성의 사례가 이를 잘 보여준다. 그녀는 미국 LA지역에서도 가장 빈곤한 흑인계 사람들이 사는 곳에서 조그만 가게를 운영하고 있었다. 그런데 불행히도 이 지역을 중심으로 대규모 흑인폭동이 일어났다. 1992년 미국 LA 경찰청 소속 경찰들이 과속운전을 한 흑인 로드니 킹을 체포하는 과정에서 무차별 구타를 했고, 이 경찰들에게 법원이 3명은 무죄, 1명은 재심사라는 판결을 내린 것이 원인이었다.

이 사건으로 전혀 관련 없는 한인사회가 타격을 받았다. 사건의 발단은 백인경찰과 흑인 간의 갈등이었는데 그 불똥이 한인사회로 튄 것이었다. 폭동이 일어나기 얼마 전 한국인과 흑인 소녀 간에 일어났던 사건 때문이었다. 상점에서 가게를 보던 한국인 주인이 흑인 소녀에게 총격을 가했는데 법원은 한국인 주인에게 무죄 판결을 내렸다. 매스컴은 이 사건을 하루 종일 방영했다. 자연스럽게 흑인들의 한인에 대한 감정도 고조되고 있었다. 그러던 차에 흑인폭동 사건이 일어났고 한인에 대해 감정이 좋지 않았던 흑인사회가 한인 밀집촌을 습격하는 일이 벌어졌다. 백인과 흑인 간의 갈등이 한인과 흑인 간의 유혈 충돌로 번지는 결과를 낳았다. 그러자 한인들은 자신들의 가게를 지키기 위해 총을 들고 보초를 서기까지 했다.

이러한 난리 통에도 아무런 피해를 입지 않은 한인 가게가 있었다. 가게의 주인은 폭동이 난 LA지역에서 환전상 겸 슈퍼마켓을 운영하는 한국 여성이었다. 이 지역의 흑인들은 이 여성을 마마라고 불렀다. 마마는 흑인들에게 매우 친절했다. 어려운 사람들이 오면 물건 값을 받지 않고 거저 주었다. 흑인들이 쿠폰을 가져오면 에누리하지 않고 덤으로 물건을 더 주었다. 이것으로 술을 사려고 하면 집에 전화를 걸어 아내에게 사실을 알려주며 남은 돈을 직접 가져가도록 했다. 흑인 소년들이 음료수를 훔쳐 급히 도망가려 하면 뒤에서 "천천히 가. 급히 가면 다쳐"라고 다정하게 말하곤 했다. 그러면서 마마와 흑인들 사이에는 정이 쌓이게 되었다. 그러던 중 한인을 향한 흑인들의 공격이 시작되자 일단의 흑인 청년들이 가게를 지켜주는 진풍경이 벌어졌다. 혹시 마마를 잘 알지 못하는 다른 흑인들이 슈퍼마켓을 공격할 것을 우려했던 것이다. 그렇게 이 슈퍼마켓은 아무런 피해를 입지 않고 흑인폭동 사태를 무사히 넘길 수 있었다.[4]

창의성 자극 효과

초월적 가치경영이 창의성을 자극하는 효과가 있다는 말에 의아해할지 모르지만 사실이다. 초월적 가치가 창의성을 자극하는 이유는 초월적 가치가 타인에 대한 관심과 배려를 유도하기 때문이다. 창의성이란 독특하고 유용한 것을 만드는 역량을 말한다. 여기서 주의해야 할 단어는 '유용함'이다. 아무리 독창적이어도 세상에 유용한 것이 아니라면 창의적인 산물이 될 수 없다는 뜻이다. 세상에 유용한 그 무엇이 되려면 반드시 세상에 사는 타인을 주의 깊게 살펴보고 관심을 갖는 마음이 있어야 한다. 이것을 공감능력이라고 한다.

초월적 가치는 이런 마음을 자극하는 강력한 힘을 제공한다. 초월적 가치경영은 나보다는 남에게 초점을 맞출 수 있게 해주는 눈을 주기 때문이다. 이런 과정에서 자연스럽게 남을 깊이 있게 이해하는 능력을 키울 수 있고 남의 필요나 욕구를 활용하는 창의성의 세계로 들어갈 수 있다.

나를 넘어서 남에게 집중하기 쉬운 가장 가까운 대상은 바로 가족이다. 부모에게 자식은 나를 뛰어넘어 보호해야 하는 대상이다. 부부는 서로에게 자기 자신을 넘어서 관심과 배려를 보여야 하는 사람들이다. 그래서 정상적인 가족 안에서는 초월적 가치가 작동한다. 이것이 종종 창의적 산물로 이어지는 경우가 많다.

구부러지는 빨대 이야기를 해보자. 재미있게도 구부러지는 빨대 아이디어는 일본과 미국에서 동시에 고안되었다. 일본의 경우 그 주인공은 아들의 병간호를 하던 엄마다. 그녀는 병원에 오랫동안 입원해 치료를 받는 아들이 긴 빨대가 꽂힌 우유를 마시기 위해 윗몸을 힘들게 일으켜야 하는 것이 늘 안쓰러웠다. 그녀는 '그냥 누워서 마실 수 있으면 좋을 텐데'라는 생각을 하다가 아이들 기저귀에 쓰이는 속이 빈 고무줄을 이용하여 반으로 자른 빨대를 연결해보았다. 빨대가 구부러지도록 한 것이다. 그런데 이것을 이용해 우유를 먹던 아이가 얼굴을 찡그리며 더 이상 먹기를 거부했다. 이유는 고무에서 나는 역겨운 냄새 때문이었다. 이것을 안타까워하던 엄마는 다시 생각에 잠겼다. 그러다가 우연히 수도꼭지에 끼워진 호스를 보게 되었다. 호스에 잡힌 주름이 눈에 들어오는 순간 주름 빨대 아이디어가 떠올랐다. 기존의 긴 빨대에 호스에 있는 주름처럼 주름을 넣으면 먹기 편한 빨대가 만들어질 것으로 생각했던 것이다. 구부러지는 빨대가 만들어지는 순간이었다.

미국의 경우에는 조셉 프리드먼Joseph B. Friedman이라는 사람의 아이디어에서 구부러지는 빨대가 탄생했다. 그는 딸과 한 가게에서 음료수를 먹고 있었는데 딸아이가 곧은 빨대를 입에 물고 음료수를 빨면서 계속해서 흘리는 것을 보았다. 이 광경을 지켜보던 프리드먼은 빨대가 컵에 걸쳐질 수 있도록 구부러지면 딸이 쉽게 음료수를 먹을 수 있으리라고 생각했다. 그는 빨대 안에 나사 하나를 넣은 다음 빨대의 3분의 1 정도 되는 위치에 고정시키고 나사 홈을 따라가면서 치실로 빨대 바깥 면을 감아주었다. 그러자 빨대에 나선형 홈이 만들어졌다.

이 두 이야기의 공통점은 무엇일까? 바로 자식의 고통을 나의 고통으로 받아들인 부모의 초월적 가치가 작동된 결과라는 것이다. 가족에 대한 초월적 가치가 창의적 제품으로 만들어진 예는 수없이 많다. 일회용 밴드와 폴라로이드 사진기도 가족을 사랑하는 마음에서 발명된 것이다.

일회용 밴드는 존슨앤드존슨에서 탈지면을 팔던 영업사원인 얼 딕슨Earle Dickson이란 사람이 만든 것이다. 그의 아내는 요리가 서툴어 툭하면 요리하다 손을 베고 화상을 입었다. 이럴 때마다 딕슨은 아내에게 붕대와 거즈를 붙여주고 외과용 테이프를 감아주며 치료를 했다. 그러던 중 장기간 출장을 가게 된 그는 이 기간 동안 아내의 손이 상처투성이가 될까 봐 마음이 놓이지 않았다. 자신이 없어도 아내 스스로 문제를 해결할 방법이 필요했다. 생각 끝에 치료용 테이프를 일정한 크기로 자른 다음 여기에 거즈를 작게 접어 붙여두었다. 이렇게 일회용 밴드가 탄생하게 되었다. 우연히 딕슨이 다니던 존슨앤드존슨 회사의 회장이 이 밴드를 보게 되었고 곧 상품으로 만들어졌다. 그후 딕슨은 존슨앤드존슨의 부회장으로 승진했다.

폴라로이드 사진기도 마찬가지다. 이 즉석사진기는 에드윈 랜드 Edwin H. Land라는 사람이 만든 것이다. 아이디어는 그가 세 살짜리 딸의 사진을 찍을 때 떠올랐다. 아이를 지독히 예뻐했던 그는 딸의 모습이 찍힌 사진을 그 자리에서 바로 보고 싶었다. 하지만 기존 사진은 인화과정을 거쳐야만 했다. 이것이 문제라고 생각한 랜드는 즉석에서 인화가 가능한 사진기를 만들기로 마음먹었다. 폴라로이드에 대한 아이디어가 탄생한 순간이었다.

가족은 초월적 가치가 작동하기 쉬운 대상이다. 하지만 초월적 가치가 가족에게서만 작동하는 것은 아니다. 인도에는 인도 사람들이 사랑하는 국민기업이 하나 있다. 인도의 재벌그룹인 타타그룹이다. 보통 재벌기업이 국민의 사랑을 받는 예는 드물다. 하지만 이 기업은 인도인들의 존경과 사랑을 한몸에 받고 있다. 타타그룹을 유명하게 만든 소형자동차 '나노'의 탄생 비화에 그 이유가 숨어 있다. 이 차는 세계에서 가장 저렴한 가격으로 유명하다. 인도 돈 10만 루피(원화 약 170만 원) 정도면 살 수 있다.

어느 날 타타그룹의 회장 라탄 타타_{Ratan N. Tata}가 자신의 승용차를 타고 시내를 가고 있었다. 이때 자그마한 오토바이에 온 식구들이 탄 채 아슬아슬하게 길을 가고 있는 광경을 보게 되었다. 이것을 안타깝게 여긴 타타 회장은 인도 국민이 오토바이 수준의 가격으로 안전하게 이동할 수 있는 차를 만들 것을 약속한다.

처음에는 차 이름을 라크(Lak, 인도의 숫자 단위 '십만')라고 불렀다. 인도 돈 10만 루피짜리 차를 개발하겠다는 의도였다. 다른 자동차 회사에서는 말도 안 된다는 반응을 보였다. 개발과정은 지난했다. 10만 루피는 원가에도 미치지 못하는 가격이었기 때문이다. 하지만 타타그룹의 회장은 '약속은 지켜야 한다'라는 신념으로 개발을 독려했다. 결국 이 차는 2009년 인도의 자동차 전시회에서 '나노'라는 이름으로 출시되었다.

재미있게도 나노에는 와이퍼가 하나밖에 없다. 원가를 줄이기 위해서다. 각종 편의성 부품들도 모두 제거했다. 그러다 보니 이 차를 바퀴 네 개 달린 오토바이라고 비아냥거리는 사람들도 있다. 하지만 인도 국민들은 다르게 생각했다. 오토바이 수준의 가격으로 살 수 있는, 하지만 오토바이보다 훨씬 안전한 매우 창의적인 차라고 여겼다. 나노는 인도에서 큰 인기를 누리고 있다.

왜 타타그룹이 무리를 하면서까지 나노를 생산했을까? 타타그룹의 설립이념과 관련이 있다. 이 그룹의 출발은 창업자 잠셋지 타타_{Jamsetji N. Tata}의 조국애에서 비롯된다. 영국의 식민 지배를 받던 시절 무역회사로 사업을 시작한 잠셋지 타타는 방적회사를 설립하면서 국력이 약한 조국이 외세로부터 어떤 설움을 당하는가를 생생히 경험했다. 차츰 자본이 모이면서 기간 산업으로 진출하기 시작했다. 중공업의 모태가 되는 철강산업을 일으켰고 가장 저렴한 전기 에너지를 생산하는 수력발전에도 뛰어들었다. 이 사업들을 통해 국가와 국민들에게 봉사하기로 결심한 것이다.

설립자의 정신은 대를 이어 전수되었다. 타타그룹은 종업원들의 분규가 없기로도 유명하다. 그것은 타타그룹의 종업원들에 대한 배려에서 기인한다. 이 그룹은 설립자의 뜻을 이어 8시간 노동제 확립(1912년), 무상의료지원(1915년), 유급휴가제(1920년), 퇴직금제(1937년)와 같은 당시로서는 혁명적인 제도들을 도입했다. 산업재해가 발생했을 때에는 유가족에게 100%의 고용승계를 보장하고 있다. 계열 회사에는 윤리담당 임원이 있어 직원들과 회사의 이해가 상충될 경우 이를 세밀하게 검토해 매달 최고 의사결정 기구에 보고서를 제출한다. 직원들의 애로사항 하나하나가 모두 최고 의사결정자에게 보고되는 것이다. 타타그룹에 내재되어 있는 초월적 가치가 있기에 가능한 일이다.

고객을 향한 초월적 가치만이 창의성과 혁신을 자극하는 것은 아니다. 또 다른 남인 종업원을 향한 초월적 가치도 창의적이고 혁신적인 제도와 업무방식을 만들어내는 자극제가 된다. 일본에는 소위 경영의 신으로 불리는 세 명의 경영자가 있다. 파나소닉(이전 마쓰시타전기)의 창업자 마쓰시타 고노스케, 혼다자동차의 창업자 혼다 소이치로, 그리고 교세라의 설립자 이나모리 가즈오다.

특히 이나모리 가즈오의 교세라는 아메바 경영이라는 매우 독특한 경영방식을 가진 곳으로 유명하다. 아메바 경영이란 거대해진 조직을 독립 채산형의 작은 조직으로 나누어 경영하는 방식을 말한다. 조직이 커지면 이것을 작은 조직으로 다시 분화하는 방식이 마치 아메바의 증식과 닮았다고 해 붙여진 이름이다.

왜 이런 방법을 고안했을까? 조직이 커지면서 생길 수 있는 관료주의의 최소화를 하나의 목적으로 들 수 있지만 그 동기는 다른 데 있었다. 어느 날 이나모리 회장은 거대화된 조직 속에서 수동적으로 움직이는 직원들을 보고 불행하다고 느낀다. 그의 눈에는 상사가 시키는 대로 움직이는 직원들이 불행한 직장생활을 하는 꼭두각시로 보였다. 직원들을 행복하게 만들기 위해서는 이들을 적극적으로 육성할 방법이 필요했다. 가장 좋은 방법은 직원들 스스로 주인이 되어 조직을 운영할 수 있는 기회를 제공하는 것이었다. 그런 생각에서 나온 방법이 바로 큰 조직을 가능한 한 작은 조직으로 나누어 직원들이 자신의 사업체로 여기며 기업을 경영하는 경험을 쌓게 하는 제도였다. 이것이 아메바 경영의 시초였다.[5]

뉴노멀 시대의 등장과
초월적 가치경영

초월적 가치에 더 주목해야 하는 이유는 초월적 가치경영으로 인한 효과 때문만은 아니다. 기업을 둘러싸고 있는 환경들이 기업에 매우 불리하게 돌아가고 있는 것도 또 다른 이유다. 환경은 기업에 초월적 가치경영을 하라고 명령하고 있다. 그렇지 않으면 한순간에 모든 것을 잃을 수도 있다고 경고한다.

사실 기업 환경이 유리하면 초월적 가치 같은 거추장스러운 것 없이도 성과를 잘 낼 수 있다. 이런 환경을 대변하는 말이 노멀normal 시대다. 노멀이라는 말은 적절한 성장이 보장된 시기를 지칭한다. 이런 시기에는 기술경쟁력이 있고 고객과 기업 내부만 잘 관리하면 별 문제없이 돈을 벌 수 있었다. 2000년대 초반까지 한국의 기업들을 포함해 전 세계 기업들은 노멀 시대를 살고 있었다.

그런데 2008년 미국발 금융위기가 터지면서 전 세계는 완전히 새로운 양상의 경영환경에 부딪쳐야 했다. 그해 9월 15일 미국의 4위 투자은행 중 하나인 리먼브러더스가 파산하는 초유의 사태가 벌어졌다. 급기야 10월에 이르자 미국의 주요 대형 금융회사들이 지급불능 상태에 빠지고 말았다. 미국 정부는 부랴부랴 세계 최대 보험사인 AIG에 1,500억 달러, 세계 최대 은행인 씨티그룹에 3,500억 달러를 긴급 투입했다.

사태가 이렇게까지 커진 이유는 미국의 부동산 거품이 꺼지면서 거기에 편승했던 미국 경제가 한순간에 무너졌기 때문이다. 문제의 발단은 정부가 신용이 좋지 않은 비우량 고객들에게까지 집을 사라고 부추긴 데 있었다. 미국 정부는 1990년대 중반부터 1가구 1주택 정책을 폈다. 미국의 모든 국민이 부자든 아니든 집을 가질 권리가 있다는 생각에서 출발한 정책이었다. 정부의 저금리 정책으로 금리가 매우 낮았던 당시에는 문제가 없었다. 정부가 1가구 1주택 정책을 펴자 은행들이 저소득 계층에게도 '비우량 주택담보 대출'인 이른바 '서브모기지' 상품을 판매했다. 하지만 서브모기지 상품은 우량 고객에게 대출하는 모기지에 비해 이자율이 2~4% 정도 높다. 그래도 정부의 주택공급 정책으로 집값이 뛰고 있어 이 정도의 이자는 감당할 수 있었다. 오른 집값으로 상쇄할 수 있었기 때문이다.

상황이 이렇게 되자 미국의 모든 국민들이 주택투기에 나섰다. 이때 미국의 금융기관들이 매우 희한한 돈벌이를 생각해냈다. 서브모기지에 의한 대출자산을 증권화하여 투자하는 파생상품을 만든 것이다. 여기에 미국뿐만 아니라 전 세계 금융기관들이 앞다투어 참여하였고 또 다른 집값 상승을 부추겼다. 파국은 그 뒤에 일어났다. 집값이 빠른 속도로 상승하자 미국 정부는 인플레이션이 너무 빠르다고 판단했다. 이를 해결하기 위한 조치로 이자율을 급격히 올리기 시작했다. 그러는 바람에 이자를 감당하기 어려운 서민들이 집을 내놓기 시작했고 순식간에 미국의 집값이 폭락했다. 그 결과 전국에서 이자를 낼 수 없는 깡통주택들이 속출했다. 설상가상으로 금융기관들 중에 자금회수가 어려워진 곳들이 하나둘 생기기 시작했고 이것을 알게 된 고객들이 한꺼번에 은행에서 돈을 찾으면서 현금이 부족해지는 사태가 벌어졌다.

이로 인해 1930년 이후 처음으로 금융기관들이 파산하는 사태가 벌어지고 말았다. 이후 세계 경제는 공황과 같은 암흑기를 걷게 된다. 이때 등장한 새로운 단어가 뉴노멀new normal이다. 경제 성장의 속도가 느려지는 암흑기와 같은 상황이 일상적인 상태로 고착되었음을 의미하는 단어다.

뉴노멀 시대가 오자 소비자들은 지갑을 닫아버렸다. 실직으로 소득이 없어진 탓도 있지만 미래의 소득이 불확실하기 때문에 소득이 있어도 소비하지 않는 분위기가 형성된 것이다. 미국을 필두로 각국 정부가 아무리 돈을 풀어도 소비가 살아나지 못하고 성장이 주춤거리는 저성장 시대가 도래하였다.

이렇게 되자 기업들에게도 문제가 생기기 시작했다. 예전에는 웬만큼 노력하면 팔리던 제품도 이젠 수요가 급격히 감소했다. 공급자에 대한 소비자의 파워가 비정상적으로 커지면서 양자 간에 회복하기 어려운 불균형이 일어났다. 소비자들은 기업이 쓸 만한 기술을 개발하고 고객의 구미에 맞는 제품이나 서비스를 제공하여도 꿈쩍하지 않았다. 그러다 보니 기업이 아무리 비용관리를 잘해도 생존하기 어려운 시대가 되었다.

뉴노멀 시대의 또 다른 특징으로 '칵테일 위기'를 들 수 있다. 세계적 위기나 악재가 마치 칵테일에 섞인 다양한 재료들처럼 동시에 뒤섞여 일어나는 현상을 말한다. 따라서 이제는 어느 나라에서 어떤 위기가 어떻게 터질지 모르는 상황이 전개되고 있는 것이다.

칵테일 위기가 발생하게 되면 예측은 아무런 의미가 없다. 그래서 최근에는 경기를 예측하지 않는 새로운 풍조가 생겼다. 대신 일기예보 하듯 실시간으로 중계라는 의미의 나우캐스팅nowcasting을 한다. 하루나 길어야 이틀의 단기 일기예보를 하는 것처럼 경기도 매우 짧은 기간 예측하는 것을 의미한다. 칵테일 위기가 빈번하게 터지는 상황에서는 장기 전망이라는 것이 아무 소용이 없기 때문이다.

뉴노멀 시대에는 어떤 기업이 궁극적인 승리자가 될까? 바로 초월적 가치경영에 익숙한 기업들이다. 우선 이 기업들은 소비자들의 움직임을 면밀히 인식하는 능력을 가지고 있다. 뉴노멀 시대를 살아가는 소비자들은 어떤 생각을 하고 무엇을 원하는지 소비자라는 입장에서 살펴보는 것이다. 또 소비자라는 남과 공존하기 위해 자신의 이기심을 조절할 줄 아는 능력을 가지고 있다. 노멀 시대와 같이 항상 성장하는 시기에는 초월적 가치경영을 취하든 이기적 이기성에 기초한 경영을 내세우든 별 차이가 없었다. 하지만 뉴노멀 시대에는 누가 자신에게 이익을 주고 불이익을 주는지 따지는 소비자의 민감성이 증가한다. 소비가 감소하는 시대에 소비자들에게 이타적으로 행동하는 기업과 이기적인 사고에 매몰된 기업 중 소비자들이 어떤 기업을 선택할지는 불 보듯 뻔하다.

이러한 상황에서는 기업이 역량가치, 즉 기술, 고객확보, 관리적 효율성이라는 가치에 입각해 열심히 경영했다고 해서 반드시 성공하리라는 보장이 없다. 아마도 단기적으로는 초월적 가치라는 거추장스러운 장치가 없는 기업들이 더 성장할지 모르겠다. 하지만 뉴노멀이 길어지면 초월적 가치가 작동하지 않는 기업들에는 이기적 이기성으로 인한 부작용이 더해지면서 예상치 못한 블랙스완 신드롬이 나타날 가능성이 높다.

하지만 오해하지 말아야 할 것은 초월적 가치경영을 착한 기업이 돈을 버는 경영으로 생각해서는 안 된다는 점이다. 분명히 말하지만 착하기만 한 기업은 절대 돈을 벌 수 없다. 자기 자신을 향한 동기가 약해지기 때문이다.

개인이나 기업의 성공 공식은 단순하다. 성공은 '동기×능력'이 좌우한다. 여기서 말하는 동기가 바로 자신을 향한 이기성이다. 그렇다고 자신을 위한 동기만을 가지고 기업을 경영하면 부작용이 따른다는 사실도 알아야 한다. 이런 부작용이 바로 앞서 설명한 블랙스완 신드롬이다. 이기성에만 기초해 비즈니스를 하다가는 기업이 감당하기 어려운 미래 리스크에 노출될 수 있다는 말이다.

제4장

코스맥스,
고객을 향한 초월적 가치의
중요성을 인식하다

초월적 가치를
이해한 기업

한국에 초월적 가치를 기반으로 성장하는 기업이 있다. 코스맥스라는 기업으로 이곳은 한국의 화장품 업계에서 ODMOriginal Design Manufacturer(제조사 개발생산) 사업을 한다. ODM은 OEMOriginal Equipment Manufacturer(주문자 상표부착생산)과 구분된다. ODM은 자신의 기술력을 중심으로 제품을 개발해 생산한 후 이를 다른 기업에 판매하는 사업방식을 말한다. 이에 비해 OEM은 다른 기업이 개발 설계한 제품을 단순히 제조해주는 사업방식을 말한다.

코스맥스는 ODM 방식으로 한국의 유수한 화장품 회사에 제품을 개발해 납품하고 있으며, 현재는 중국과 인도네시아 그리고 미국에서도 ODM 사업을 하고 있다. 세계적인 프랑스 화장품 기업인 로레알의 최우수 ODM 협력기업이기도 하다.

이 기업을 방문해보면 매우 소박하다는 인상을 받는다. 다른 기업에 비해 화려한 경영기법을 다룰 줄 모른다. 지금도 다른 기업으로부터 많은 것을 배우기 위해 노력하고 있다. 하지만 기업을 관찰하면 할수록 묘한 매력을 느낄 수 있다. 그런 매력은 이 회사에 내재된 초월적 가치에서 비롯된다.

초월적 가치는 '나' 또는 '나의 이기성'을 뛰어넘는 경영이라고 설명했다(2장 참조). 한자로는 이타자리利他自利 경영을 말한다. 남을 우선적으로 생각하고 이들을 도운 결과로 성과를 내는 경영이다. 기업과 이해관계에 놓인 고객·조직구성원·사회를 남이라고 한다면, 기업은 이들을 우선적으로 인식하고 이들에게 해를 주지 않거나 이들의 이익을 보호하면서 기업의 이득을 취할 필요가 있다. 이것이 바로 초월적 가치경영의 핵심 사고다.

코스맥스가 초월적 가치경영을 시작한 계기는 초기 생존에 몸부림칠 때였다. 코스맥스의 전신은 1992년 설립된 한국미로토라는 회사다. 일본의 ODM 회사인 미로토로부터 기술공급 계약을 체결하고 세워졌다. 하지만 미로토와의 인연은 순탄치 않았다. 미로토가 ODM의 생명인 연구소를 한국미로토가 갖는 것에 반대하자 이 회사와 결별하게 되었다. 1994년 독자적인 기술개발에 전념하기 시작하면서 사명을 코스맥스로 바꿨다.

이렇게 시작된 사업이 1997년 10월 한국이 IMF의 관리를 받는 시대로 들어서면서부터 암초에 부딪히게 된다. 당장 고객 기업들에게 문제가 생겼다. 주요 고객사들이 부도 위기에 몰렸고, 코스맥스의 1, 2위 거래처도 화장품 사업에서 철수하는 사태가 벌어졌다. 다른 거래처들도 주문량을 대폭 줄이기 시작했다. 매출액의 50%가 사라졌다. 이때 코스맥스의 설립자인 이경수 회장은 파격적인 결정을 내리고 임직원들에게 세 가지 원칙을 강력히 주문했다.

> 첫째, 고객사들의 원가 상승에 대한 고통을 분담하기 위해 공급 가격을 동결할 것.
> 둘째, 이전까지 고수했던 최소 생산 수량의 한도를 없앨 것.
> 셋째, 손해를 보는 한이 있어도 고객이 원하는 시기에 원하는 만큼 무조건 공급할 것.

이런 원칙이 전달되자 직원들은 그러다 회사가 망할 거라며 강력히 반발했다. 하지만 이 회장의 의지는 완강했고 이 원칙들은 실행에 옮겨졌다. 남이 망하면 나도 온전하기 어렵다는 생각 때문이었다. 이런 결단은 이후 코스맥스의 초월적 가치경영이 시작되는 계기가 되었다. 힘들어하는 고객을 먼저 도와야 자신들도 산다는 정신이 조직에 스며들게 된 것이다.

고객이라는 '남'의 중요성을
경험한 코스맥스

고객사들의 원가 상승에 대한 고통을 분담하자는 생각은 IMF를 경

험하면서 구체화되었다. 1997년 말에 시작된 IMF 여파로 원화가
치가 곤두박질쳤다. 1달러당 800원 선이던 환율이 1,800원을 넘어
2000원 수준으로까지 올라섰다. 훌쩍 뛴 환율로 인해 수입에 의존
하던 화장품 원재료의 가격이 감당할 수 없을 정도로 올랐다. 당연
히 원가 상승분을 가격에 반영하지 않고서는 버티기 힘든 상황이
되었다. 하지만 코스맥스는 원가 상승분은 자신이 안고 이전 가격
으로 거래하는 원칙을 지켰다. 납기일도 정확히 지켰다.

　화장품을 생산하려면 재료를 가공하는 탱크가 필수다. 일종의 가
마와 같은 것이다. 경제성 있는 생산을 위해서는 이 가마에 적어도
3분의 1 이상의 화장품 원료가 채워질 만큼 물량을 주문받아야 한
다. 하지만 IMF가 닥치면서 이에 미치지 못하는 물량을 주문받을
수밖에 없었다. 전혀 경제성이 없었다. 하지만 코스맥스는 이런 주
문에도 응했다. 너무 양이 적을 때에는 실험실에서 소량으로 생산
하는 방법도 택했다. 경제성 있는 물량을 주문받아도 코스맥스는
모든 제품을 한꺼번에 만들어 고객사에 공급하지 않았다. 3천 개의
제품을 주문하면 1천 개는 만들어서 내보내고 2천 개는 코스맥스
창고에 보관했다. 공급된 제품들이 고객사의 창고에 재고로 남아
있을 것이 뻔했기 때문이다. 그래서 고객사가 1~2개월 정도 팔 수
있는 물량을 주문할 수 있도록 주문 시스템을 아예 바꿔버렸다.

　처음에는 고객사들도 의아해했다. 하지만 이런 조치는 고객사들
에게는 단비 같은 것이었다. 재고로 인한 비용부담을 최소화할 수
있었기 때문이다. 이렇게 해도 휘청거리는 고객사들이 생겨났다.

코스맥스도 평일에 공장을 돌리지 못하는 날이 많아졌다. 그러다 보니 휴일 근무를 해야 하는 날에 물건을 공급해달라는 기업들도 생겨났다. 주문량도 많지 않은데다 금요일에 주문하면서 월요일까지 납품해달라는 요구에 직원들은 시간이 촉박하고 비용도 더 드니 가격을 올려야 한다고 했다. 하지만 이 회장은 고개를 저었다. 정해진 방침대로 할 것을 지시했다. 직원들에게는 휴일 수당을 주면서 공장을 돌렸다. 당연히 이런 방식은 코스맥스에 어려움을 안겼다. 회사의 수익성이 나빠졌다. 어렵사리 코스맥스는 버텨나가고 있었고 그건 고객사들도 마찬가지였다.

변화가 일어났다. 서서히 한국이 IMF 시대를 벗어나기 시작하면서 화장품 업계가 회복세를 탄 것이다. 그러자 코스맥스의 시장점유율이 무섭게 늘기 시작했다. 코스맥스가 짊어졌던 고통 분담이 성장의 기회로 돌아온 것이다. 1998년 131억 원에 불과했던 매출액이 1999년 173억 원, 2000년에는 248억 원으로 폭증했다. 1997년 시작된 IMF 시대가 끝난 지 2년 만에 약 90%의 성장률을 보였다. 연평균 45%의 폭발적 성장이었다.

이때 코스맥스의 이 회장이 깨달은 것이 있다. 계약서는 상황이 어려워지면 휴지 조각이 되지만, 기업 간의 신의는 결코 사라지지 않는다는 깨달음이었다. 코스맥스에게 고객사는 주문을 주고받는 단순한 파트너 이상의 관계로 인식되었다. 고객사들의 반응도 똑같았다. 코스맥스 덕분에 IMF에서 생존이 가능했다는 것이다.

2000년대로 들어서면서 화장품 업계에 또 한 번의 시련이 불어 닥쳤다. 1990년대로 거슬러 올라가면 한국의 화장품 업계는 아모레퍼시픽, LG생활건강의 대기업과 한국화장품, 코리아나, 한불화장품, 소망화장품, 나드리, 피어리스와 같은 특색 있는 중견기업들이 경쟁하던 시절이었다. 1990년대가 지나면서 이들 중견기업들에게 큰 위기가 닥쳤다. 유통시장의 개방정책에 따라 외국화장품이 백화점을 점령하기 시작하면서 중견기업의 제품들이 화장품 시장에서 밀려나게 된 것이다. 설상가상으로 카드대란이 터지자 화장품 소비가 급격히 위축되었다. 나드리 같은 중견기업과 거래하고 있던 코스맥스에도 한파가 밀려왔다.

2003년에는 한국에 IMF 때와 유사한 또 한 번의 경제지진이 일어난다. LG카드사를 필두로 신용카드업계가 무너지면서 발생했다. 카드사들이 시장점유율을 높이기 위해 신용이 낮은 대학생에게까지 카드발급을 남발하자 경기과열을 느낀 정부가 이자율을 올려버렸다. 이에 대학생들과 저소득층은 연체로 인해 이자폭탄을 맞았다. 순식간에 카드사들에 연체가 쌓이기 시작했다. LG카드가 먼저 무너졌다. 마치 2008년 미국에서 터진 금융위기와 비슷한 모습이었다. 순식간에 국내 경제가 움츠러들었다. 이 와중에 유탄을 맞은 곳이 있었다. 바로 중견 화장품 전문기업이다.

중견 화장품 업체들이 된서리를 맞던 당시 화장품 업계에 새로운 변화가 일고 있었다. 바로 더페이스샵, 미샤, 스킨푸드와 같은 로드숍의 등장이다. 2002년 이후 중견 화장품 기업들의 빈자리를 꿰차고 들어온 로드숍들은 단일 브랜드의 기치 아래 표준화된 콘셉트를 가진 매장을 무기로 파죽지세의 성장을 보이기 시작했다. 이전의 중견기업들은 본사 직영체제의 전문숍이었던 반면, 이들의 생존전략은 가맹 사업이었다.

코스맥스의 입장에서는 중견 화장품 기업들이 고전하고 있는 상황인지라 로드숍들에 관심을 가지지 않을 수 없었다. 이들 역시 코스맥스와 궁합이 맞았다. 자체 연구개발과 생산능력을 가지고 있지 않았기 때문이다. 하지만 로드숍들의 화장품 단가는 중견 화장품 업체에 비해 매우 낮았다. 중견 화장품 업체들의 화장품 단가가 최소 2만~5만 원이었던 데 비해 로드숍들은 1만 원 이하의 중저가 제품들을 주 상품으로 구성하고 있었던 것이다. 게다가 다품종 소량 생산을 요구했고 단일 화장품의 수명주기도 짧았다. 이런 요구를 맞추는 것이 쉽지 않았다.

여기에 코스맥스가 도전했다. 당시 업계 선두를 달리고 있던 ODM선발 기업은 로드숍들에 제품 공급을 꺼렸다. 회사 이미지 하락을 염려해서였다. 이런 거래에 코스맥스가 발을 담그기 시작한 것이다. 로드숍들의 요구에 조금이라도 부응하지 못하면 파트너십이 깨지는 살얼음판에서 코스맥스가 생존하겠다고 나선 것이다. 자연스럽게 코스맥스는 내가 아니라 생존의 키를 쥐고 있는 고객이라는 남에게 초점을 맞추는 경영을 하지 않을 수 없었다.

회사가 생존을 위해 몸부림치던 시절 코스맥스의 초월적 가치가 어떤 방식으로 전개되었는지를 알 수 있는 단서들을 뒤쪽의 〈그림 4-1〉에서 볼 수 있다. 〈그림 4-1〉은 생존기 시절 코스맥스에서

그림 4-1　코스맥스의 생존기에 나타난 핵심단어들

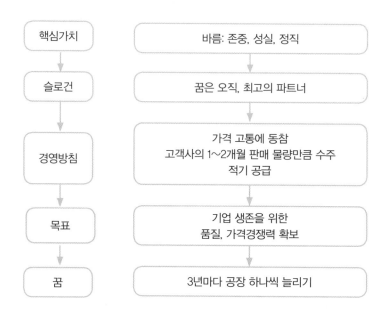

핵심가치	바름: 존중, 성실, 정직
슬로건	꿈은 오직, 최고의 파트너
경영방침	가격 고통에 동참 고객사의 1~2개월 판매 물량만큼 수주 적기 공급
목표	기업 생존을 위한 품질, 가격경쟁력 확보
꿈	3년마다 공장 하나씩 늘리기

사용되었던 핵심단어들이다. 이 시기 코스맥스는 핵심가치를 '바름'
으로 상정했다. 올바르게 비즈니스 하는 것을 기업경영의 가치로 내
세운 것이다. 이것을 실천하기 위한 하위개념은 '존중과 성실'이다.
고객을 나보다 먼저 생각하고 항상 성실하게 고객의 요구에 대응한
다는 뜻이 담겨 있다. 회사의 슬로건은 '꿈은 오직, 최고의 파트너'
다. 코스맥스의 존재 이유는 오로지 고객에게 좋은 파트너가 되는
것에 있다는 의미다.

　이런 식의 가치나 슬로건은 어느 회사에나 있지만 이것이 행동으
로 옮겨지는 예는 그리 많지 않다. 코스맥스의 경우는 달랐다. 자신

들이 설정한 가치를 행동으로 옮기기 위한 장치들도 마련했다. 앞서 설명한 대로 IMF 시절 고통받는 고객사들과 함께하기 위한 행동원칙들이 여기에 해당한다. 요약하면 '가격 고통에 동참' '고객사의 1~2개월 판매 물량만큼 수주' '적기 공급'이다. 이것을 기업의 경영방침에 아예 못 박았다. 모든 직원들이 반드시 그렇게 해야 한다는 뜻이다. 이런 방침은 자칫 문제를 일으킬 수 있다. 품질이 낮아질 수 있기 때문이다. 하지만 코스맥스는 품질과 가격경쟁력이라는 두 마리 토끼를 놓치지 않기 위해 사력을 다했다. 〈그림 4-1〉에서 보여주듯이 코스맥스는 회사의 목표를 품질과 가격경쟁력 확보에 두었다. 이것을 위해서는 혁신이 필요했다. 혁신과정에 대해서는 뒤에서 보다 자세히 설명할 것이다.

코스맥스는 생존 시절 재미있는 꿈을 품고 있었다. '3년마다 공장을 하나씩 지었으면 좋겠다'라는 꿈이었다. 그 꿈에는 단순히 코스맥스가 성장하자는 소망만 담은 것은 아니다. 이 회장은 코스맥스의 구성원들에게 꿈을 심어주고 싶었다. 직원들의 가장 큰 꿈이 무엇일까? 단순히 월급을 많이 받는 것일 수 있다. 하지만 더 큰 꿈은 미래가 있다는 것이다. 직원들에게 미래를 만들어주기 위해 기업은 성장해야 한다. 그것도 3년 만에 공장을 하나씩 짓는 꿈을 이루어보자고 직원들을 다독였다.

남인 고객이 잘돼야 따라서 나도 잘될 수 있고 그렇게 하면 꿈도 이루어진다는 코스맥스의 생각은 놀랍게도 현실로 나타났다. 국내에만 3개의 공장을 보유하고 있으며 해외에도 코스맥스 차이나, 코스맥스 광저우, 코스맥스 인도네시아, 코스맥스 유에스에이 등의 공장과 지사를 운영하게 된 것이다. 그리고 코스맥스는 아모레퍼시픽, LG생활건강, 더페이스샵, 에이블씨엔씨, 토니모리 등과 같은 국내 주요 130여 화장품 업체와의 거래는 물론이고 로레알, 에스티로더, 메리케이, 존슨앤드존슨과 같은 글로벌 기업들과도 거래를 하는 기업으로 성장했다.

고객에게 작동하는 초월적 가치

코스맥스에서는 고객이라는 남을 향한 초월적 가치가 어떻게 작동하고 있을까? 이것을 알기 위해서는 코스맥스 직원들의 마음속에 새겨진 말들을 살펴볼 필요가 있다.

> 고객의 입장에서 생각하고 판단하며,
> 고객이 원하는 것보다 더 많이 해주고,
> 고객이 원하는 것보다 더 빨리 움직인다.

위의 말들은 코스맥스에서는 거의 헌법에 가까운 것이다. 의미는 이렇다. 화장품 업계에서 고객사와의 접촉은 이들이 요구하는 사양의 제품을 샘플로 제공하면서 시작된다. 그런데 최초의 샘플에 대해 고객사가 만족하는 예는 거의 없다. "색상은 좀 더 밝게 원료는 조금 더 묽게"와 같은 지적이 나오기 마련이다. 고객사 역시 샘플을 보기 전까지는 자신들의 의견을 분명히 하는 것이 쉽지 않을뿐더러 이미 주문을 해놓고도 그 사이에 생각이 바뀌는 경우가 종종 있기 때문이다. 이럴 경우 샘플을 가지고 간 직원은 회사로 돌아와 고객사의 요구조건을 맞추기 위해 다시 작업을 해야 한다. 그런 다음 수정된 샘플을 들고 다시 찾아가도 고객사로부터 새로운 지적을 받기 일쑤다. 이런 일이 수차례 반복된 후에야 비로소 완제품 생산에 들어갈 수 있는 것이 화장품 업계의 관례다.

그런데 코스맥스에서는 고객들이 이렇게 행동하는 것을 당연히 여긴다. 자신들이 고객이라고 해도 최대한 팔릴 수 있는 제품을 만들기 위해 최선을 다할 것이라는 생각에서다. 그렇다고 이런 반복을 지속적으로 하면 고객사도, 코스맥스의 직원들도 지치기 마련이다. 그래서 코스맥스에서는 샘플을 만들 때 아예 고객이 요구할 것이라고 예상되는 다양한 샘플들을 미리 준비한다. 그래야 좀 더 밝은 색이 무슨 색인지, 좀 더 묽은 것이 어느 정도인지를 실제 물건을 보면서 가늠할 수 있기 때문이다.

그리고 반드시 고객사가 샘플을 요구한 시점보다 먼저 가서 고객사와 상의한다. 이렇게 하는 이유는 고객사에서 새로운 요구를 해도 완성 샘플을 제공하는 납기를 맞출 수 있기 때문이다. 샘플 요청일에 맞춰 갔다가 거부당하면 요구되는 사양을 반영하는 시간이 더 늘어나고 전체 일정에도 차질이 생겨 코스맥스에 부담으로 돌아온다. 이렇게 더 빨리 움직이는 것이 코스맥스의 철칙이다. 내일이 고객사와 약속한 날이라면 오늘 찾아가라는 것이 코스맥스의 정신이다. 물론 고객사에는 오늘 가도 괜찮은지 묻는다.

이렇게 하루라도 먼저 움직이는 이유는 생각의 여유를 가지기 위해서이기도 하다. 내일 가면 약속한 날에 가는 것이기는 해도 분명 고객이 다른 의견을 내놓을 가능성이 높다. 오늘 미리 확인해서 부족한 것을 채워 약속 날인 내일 가져가면, 그만큼 오류를 최소화할 수 있다.

이런 태도는 고객사가 코스맥스를 다르게 바라보는 계기가 되었다. 코스맥스는 고객사들이 자신을 다음과 같이 생각해줄 것이라는 확신이 있었다.

코스맥스는 진정으로 고객을 먼저 생각하는 기업.
코스맥스는 고객의 일처리를 분명하게 해주는 기업.
코스맥스는 고객의 말귀를 잘 알아듣는 기업.

초월적 가치경영

제5장

직원들과
세상을 향해 작동하는
초월적 가치

기업을 성공시키는 진짜 힘은
직원들의 에너지

초월적 가치가 고객만을 향하고 있는 것은 아니다. 기업 내부에서 기업을 위해 혼신의 힘을 다하는 직원도 초월적 가치경영의 대상이다. 직원이라는 남에게 어떻게 초월가치를 발휘할 것인가? 이 문제는 매우 해결하기 어렵다. 회사가 잘되기 위해서는 고객이라는 남을 위해 온 마음을 바쳐야 한다. 하지만 그것을 너무 강조하면 직원들은 지친다.

회사가 직원과의 관계를 어떻게 설정해야 하는지를 설명한 책이 있다. 『무엇이 우리의 성과를 방해하는가The way we're working isn't working』[6]라는 책이다. 이 책은 기업들이 높은 성과를 만들어내기 위해 노력하지만, 노력한 만큼 잘되지 않는 이유를 설명하고 있다. 보통 기업들은 성과가 나오지 않는 이유를 '기업에 비전이 없어서' '후진적인 기업문화 때문에' '경영층의 리더십이 없어서' '직원들이 일하는 방식이 서툴러서'라고 생각한다는 것이다.

　이 책의 저자는 기업이 성과를 내지 못하는 진짜 이유는, 회사들이 직원들의 에너지를 고갈시켰기 때문이라고 진단한다. 성과가 잘 안 나오는 기업들을 보면 대체로 야간에 잔무가 많다. 직원들이 늦게까지 불을 켜고 일하지 않으면 생산성이 떨어진다고 생각하는 것이다. 그리고 이런 기업은 모든 것은 인간의 의지로 돌파할 수 있다고 생각한다. 어떤 어려움이 있어도 제대로 마음만 먹으면 다 해결할 수 있다는 가정을 한다. 그리고 새벽이나 금요일 오후에 회의를 하고 심지어는 휴일에도 불러내어 회의를 한다. 처음에는 이런 방식이 반짝 성과를 올리지만, 시간이 흐르면서 직원들의 에너지가 고갈돼 성과가 더 나빠진다는 것이 저자의 주장이다.

　이 책에서는 인간이 갖는 기본적인 욕구를 매슬로의 5단계 욕구 이론과 비교해 설명하고 있다. 매슬로는 인간에게는 5가지의 기본 욕구가 있다고 했다.

> 생리적 욕구: 삶의 기본이 되는 먹고 마시고 자고 싶어 하는 생명유지와 관련하는 욕구
> 안전의 욕구: 외부의 환경으로부터 안전해지고 싶어 하는 욕구
> 소속과 사회적 욕구: 어딘가에 속하고 싶고 사람들과 사회적 관계를 맺고 싶어 하는 욕구
> 존경의 욕구: 타인으로부터 인정받고 싶어 하는 욕구
> 자아실현의 욕구: 삶의 중요한 가치를 실현하고 싶어 하는 욕구

한편 이 책의 저자들은 인간의 욕구를 다른 시각으로 해석한다. 매슬로의 욕구와 유사한 듯하지만 약간의 차이가 있다.

생존survival 욕구: 인간의 생존에 필요한 물질을 가지고 싶어 하는 욕구

지속sustainable 욕구: 신체가 건강하게 유지되도록 노력하는 욕구

안전security 욕구: 자신의 감정을 상하지 않게 하려고 노력하는 욕구

자기표현self expression 욕구: 자신의 재능과 기술을 개발하고 발휘하고 싶어 하는 욕구

의미significance 욕구: 살아가면서 중요하고 의미 있는 것을 하고 싶어 하는 욕구

이러한 욕구에는 상응하는 에너지가 있다. 생존 욕구를 제외한 나머지 욕구들은 특정한 에너지와 관계가 있다는 것이다.

지속 욕구 → 신체physical 에너지

안전 욕구 → 감정emotional 에너지

자기표현 욕구 → 정신mental 에너지

의미 욕구 → 영적spiritual 에너지

문제는 기업들이 인간이 갖는 욕구와 이에 따른 에너지를 이해하

지 못하고 고갈시켜버리는 데 있다. 잦은 야근으로 신체 에너지를 약화시키고, 일방적인 다그침으로 감정 에너지를 고갈시키며, 자유로운 생각을 억제해 정신 에너지를 사라지게 한다. 또 회사가 직원들에게 살아가는 의미를 주지 못하면 영적 에너지가 날아가버린다. 결국 에너지가 고갈된 직원들로 가득 찬 기업은 어떤 사업을 해도 성과를 내기 어렵다고 이 책은 지적하고 있다. 이들의 에너지를 다시 충전하려면 어떻게 해야 할까? 조직 내부의 직원들을 향한 초월적 가치경영을 강화하는 것이 답이다. 회사가 '나'라면 직원들은 회사의 구성원인 동시에 회사에게는 남이다. 남을 먼저 생각한 후 회사를 챙기는 마음이 바로 구성원들을 향한 초월적 가치경영의 지향

그림 5-1　**글로벌 기업과 한국 기업의 조직건강도**[7)]

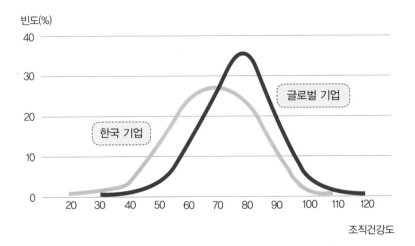

초월적 가치경영

점이다.

구성원이라는 남을 생각하는 것이 얼마나 중요한가를 알려주는 보고서가 있다. 컨설팅업체 매킨지가 대한상공회의소와 함께 국내 100개 기업에 종사하는 4만 명을 대상으로 조직건강도 진단 결과를 발표했다. 한국 기업의 평균 조직건강도 지수는 55점이었다. 1,800개의 글로벌 기업과 비교해 하위 25%에 속하는 낮은 수준이었다. 〈그림 5-1〉이 이것을 보여준다.

매킨지는 해마다 전 세계 300여 기업의 성과와 조직건강도 간의 상관성을 추적·조사했다. 그 결과 조직건강도가 기업의 3~5년 후 미래 성과와 관련이 있다는 사실을 밝혀냈다. 조직건강도가 최상위 25%에 속하는 기업들의 성과(주주 총수익률, TRS)는 하위 25% 기업의 5년 후 성과의 3배에 달했다.

조직건강도가 높다는 것은 무엇을 말하는 것일까? 바로 구성원들의 욕구가 존중되고 에너지가 보존되는 조직을 말한다. 건강한 조직을 만들기 위한 조건이 무엇일까? 바로 조직구성원이라는 남을 향한 초월적 가치를 작동시키는 것이다.

직원이라는 남에 주목하다

남인 조직구성원, 즉 직원에 대해 회사가 초월적 가치를 발휘한다는 것은 어떤 의미일까? 완벽하지는 않지만 코스맥스에서 직원을 향한 초월적 가치가 작동되고 있다는 단서를 찾을 수 있다. 이 회사에서는 '무리가 가지 않는 맥시멈 추구'라는 말을 사용한다. 그런데 이 말은 어딘가 모순적이다. 맥시멈이면 맥시멈이지 무리가 가지 않는 맥시멈은 무엇인가?

이것을 설명하기에 앞서 이 회사에 맥시멈이라는 단어가 어떻게 등장했는지부터 살펴보자. 회사 이름을 보면 힌트를 얻을 수 있다. 코스맥스에서 '코스'는 코스매틱(화장품)의 앞 글자를, '맥스'는 맥시멈(최대치)의 앞 글자를 따온 것이다. 회사의 성과를 높이기 위해 맥시멈으로 노력하자는 의미가 담겨 있다. 다만 맥시멈을 추구하되 무리가 가서는 안 된다. 이 말을 이해하려면 코스맥스에서 경영목표를 잡을 때의 상황을 알아야 한다.

일반적으로 기업에서 다음해 경영목표를 잡을 때 스트레치 골 stretch goal을 설정하는 경우가 많다. 죽을힘을 다해야 도달할 수 있는 목표가 스트레치 골이다. 그런데 코스맥스에서는 다르게 접근한다. 경영전략 부서와 부서별 담당 임원들이 지난해의 매출성장을 보고 다음해의 매출목표를 정해 회장에게 가져온다. 예컨대 지난해에 20%의 매출성장이 있었으면 다음해의 경기상황을 감안해 30%쯤으로 목표를 잡는 것이다. 그러면 회장은 정해온 목표를 반으로 깎아버린다. 비록 그 전해에 20% 성장했더라도 이것을 연장(스트레치)해 목표를 너무 높여놓으면 아무리 열심히 해도 이 목표의 90% 선에 머물게 되고 그렇게 되면 직원들은 항상 패배의식에 젖게 되기 때문이다. 그런 식으로 직원들의 스트레스가 높아지면 오히려 조직건강에 좋지 않다는 것이 코스맥스 회장의 생각이다.

목표란 '해볼 만하다'고 생각할 때 달성되고 운이 좋으면 더 달성할 수도 있는 것이어야 한다. 그래야 목표 초과달성이라는 성과를 얻을 수 있고 직원들은 목표달성이라는 스트레스에서 벗어나 보람과 자신감이 생긴다. 이와 달리 달성 가능성이 희박한 목표를 정해놓으면 직원들은 시작도 하기 전에 울상부터 짓게 된다. 이렇게 되면 오히려 될 일도 안 된다는 것이 이 회장의 생각이다. 그래서 현재보다 약간의 긴장감을 요구하되 충분히 달성 가능한 목표로 전략을 짜라고 지시한다. 이것이 '무리가 가지 않는 맥시멈 추구' 정신이다.

스트레치 골의 부작용을 조금만 더 이야기해보자. 스트레치 골은 처음엔 멋있어 보이지만 차츰 직원들을 죽음의 길로 가도록 만든다. 목표를 달성하기 위해 무리해가며 온힘을 쓰면 목표는 달성할 수 있을지 몰라도 직원들은 망가지기 시작한다. 공을 아무리 잘 던지는 투수라고 해도 경기 때마다 등판시키고 이기라고 스트레치 골을 주면 이 선수는 혹사당해 결국 선수 수명이 줄어드는 것과 같은 이치다. 스트레치 골에 대한 강조는 직원은 물론 회사에게도 손해가 된다. 이런 부작용을 줄이자는 것이 무리가 가지 않는 맥시멈 추구다.

맥시멈 추구에 따라 설정되는 목표는 두 가지다. 매출목표 50%와 이익목표 50%다. 기업의 성장을 의미하는 매출과 기업의 생존을 의미하는 이익을 균형적으로 달성하자는 것이다. 이렇게 설정된

목표가 달성되면 회사는 기분 좋게 직원들에게 인센티브를 준다. 회사도 기분 좋고 직원들도 기분 좋은 날을 만드는 것이다.

만일 임원들이 하향목표를 들고 나오면 어떻게 할까? 이럴 때 이 회장은 진짜 회사가 어려워서 그런 것이라고 생각한다. 대체로 임원들은 상향목표를 들고 나오는 것에 익숙한데 오죽하면 하향목표를 세웠을까를 먼저 생각한다. 이렇게 생각하면 화를 낼 이유가 없다. 다만 몇 가지 질문을 통해 상황을 확인하는 것을 잊지 않는다. 확인한 뒤 고개가 끄덕여지면 하향목표를 잡기도 한다. 실제로 우리나라 화장품 시장이 어려워졌을 때 하향목표가 제시되었다. 하지만 하향목표는 받아들이되 돌파구를 찾았다. 이것이 코스맥스가 해외시장을 다른 기업보다 일찍 개척한 이유다.

코스맥스에서는 직원들의 감정 에너지도 매우 중요하게 생각한다. 기업경영을 하다 보면 직원들은 고객가치를 높이기 위해 매달리게 된다. 고객이 요구하는 수량을 짧은 시간 내에 제조해 제때 공급하는 일은 말처럼 쉬운 일이 아니다. 직원들은 정신없이 하루를 보내야 하고 다음 날에 눈뜨는 것이 싫어질 수도 있다. 이렇게 되면 감정적으로 예민해져 조그만 불씨로도 기업 내부에 긴장과 갈등이 감돌 수 있다. 직원들의 감정 에너지가 고갈된 탓이다. 이것을 방지하는 방법을 코스맥스는 알고 있다.

코스맥스에서는 1년에 두 번, 전 직원이 나들이를 떠나 재충전의 시간을 갖는다. 협력업체 직원을 포함해 전체 800명 정도가 20대의 버스에 나눠 타고 나들이하는 대규모 행사로, 4명의 직원으로 회사

초월적 가치경영

가 설립될 때부터 이어져온 관행이다. 이런 것이 무슨 배울 만한 것이냐고 반문할 수도 있다. 실제로 이런 행사를 실시하는 기업들도 많다. 하지만 그 의미를 정확하게 이해하고 준비하는 회사는 그리 많지 않다. 코스맥스는 직원들의 감정 에너지를 보존하고 재충전하는 데 나들이의 목적을 둔다.

직원들의 감정 에너지를 끌어올리기 위한 행사가 또 있다. 복날이 되면 반드시 복날잔치를 연다. 이 날에는 고기잔치가 성대하게 벌어진다. 어쩌면 이런 행사들은 디지털 시대에 전혀 어울리지 않는 것일지도 모른다. 하지만 기업경영은 디지털적 사고만으로 이루어지지 않는다. 디지털의 세계는 0과 1이라는 이분법만 존재하는 세계다. 0과 1 사이의 생각은 없다. '잘했다' '못했다' 또는 '옳다' '그르다'의 세계만 존재하는 것이다. 하지만 기업경영에는 감정이라는 것이 반드시 필요하다. 감정은 옳고 그름 사이에 있는 미세한 정서로 이루어져 있다. '옳은 것 같은데 조금은 이상하다' 이런 것이 감정이다. 0과 1 사이에 0.567과 같은 소수가 존재하는 세상이 바로 감정이다. 이 감정의 세계는 업종마다 조금씩 다르다.

화장품 업계에서는 생산직 사원들이 중요한 업무를 맡는다. 비록 생산라인은 대부분 자동화되어 있지만 그래도 다품종 소량 생산이 많은 화장품 생산에서는 생산직 직원들의 노련한 손놀림이 매우 중요하다. 소량 생산을 위해 자주 설비를 바꾸어주어야 하는데 이때 직원들의 세심한 작업이 필요하기 때문이다. 특히 연륜이 많은 직원들의 역할이 매우 크다. 코스맥스에는 10~20년 경력의 베테

랑 직원들이 많다. 이들의 능숙한 손놀림과 감각이 제품의 품질을 결정짓기도 한다. 하지만 업무 특성상 바쁘게 공장에서 일하다 보면 서로 웃으며 대화를 나눌 시간이 없다. 나들이를 가고 복날을 챙기는 이유가 거기에 있다. 그날만큼은 감정을 충분히 폭발시키자는 것이다. 이날이 되면 코스맥스의 CEO는 여직원들에게 '경수오빠'라 불리기도 한다. 경수오빠란 회사가 4명으로 출발하던 시절, 여직원들이 설립자를 부르던 애칭이었다.

한번은 이런 대규모 행사들이 너무 비효율적이니 행사 규모를 줄이든지 몇 팀씩 나누어서 치르는 것이 좋겠다는 제안이 있었다. 하지만 이 회장은 그대로 진행하자고 했다. 힘들어도 온 식구가 한자리에서 서로 얼굴 보고 웃는 날을 만들어야 한다는 것, 그리고 지위고하를 따져 따로 밥상을 차리는 것이 아니라 한상에 둘러앉아 함께 어울려야 한다는 생각 때문이다. 이런 이유로 연말이 되면 모든 직원이 어울리는 연말 파티도 갖는다.

코스맥스에는 좀 특이한 기업문화가 있다. 사내 연애와 결혼에 너그러운 점이다. 보통 사내 연애를 하면 당사자들이 이를 쉬쉬한다. 다른 직원들이나 회사가 아는 것이 싫고 창피해서일 수도 있지만 보통 회사들이 사내 연애를 탐탁지 않게 여기기 때문이다. 연애로 회사 분위기를 망치고 일을 해야 하는 업무시간에 딴짓을 한다고 눈총받기 십상이다.

하지만 코스맥스의 생각은 다르다. 사내 연애와 결혼이 많다는 것은 그만큼 회사가 건강하고 장래성이 밝다는 뜻으로 본다. 보통 남녀가 서로의 배우자를 선택할 때 중요하게 여기는 것 중 하나가 장래성이다. 코스맥스의 직원들이 서로를 잠재적 배우자로 생각하고 있다는 사실은 코스맥스의 미래가 밝다는 것을 의미한다. 그래서 코스맥스에서는 사내 연애와 결혼에 매우 관대하다. 일부러 부추길 필요는 없지만 그렇다고 막을 필요도 없다는 것이다. 그리고 사내 연애와 결혼을 통해 오히려 직원들의 감정 에너지가 높아진다고 생각한다. 실제로 코스맥스에는 사내 결혼을 한 커플들이 꽤 많다. 사내 결혼을 한 직원들만 모아서 최고경영자와 회식을 한 적도 있다고 한다.

코스맥스가 신경을 쓰는 것 중 또 한 가지는 직원들의 신체 에너지가 방전되는 것을 막는 일이다. 코스맥스는 고객이라는 남을 향한 초월적 가치가 매우 높은 기업이다 보니 어쩔 수 없이 내부 구성원들이 힘들어질 때가 있다. 고객들의 자잘한 요구까지 모두 들어주어야 하기 때문이다. 여느 기업들처럼 야근하고 밤샘하는 일도 잦다. 특히 각 팀을 책임지고 있는 팀장급 이상의 직원들이 혹사당하는 경우가 많다. 이에 대한 특단의 조치가 내려졌다. 팀장 이상 직원들을 강제로 휴가를 보내고 휴가비를 주는 제도를 신설한 것이다. 그리고 직원들이 특근과 야근으로 고생할 때는 최고경영자도 함께 철야를 하기도 한다. 여름엔 아무리 에어컨을 틀어도 밤늦게까지 일하다 보면 덥고 지치게 마련이다. 이때 최고경영자가 전 직원에게 아이스크림을 사서 돌리기도 한다. CEO가 직원들과 같이 한다는 것을, 그리고 직원들의 노고에 감사하고 있다는 것을 알려주기 위해서다.

코스맥스는 식당 메뉴와 직원들에게 나누어주는 작업복과 작업 신발에도 특별히 신경을 쓴다. 우선 코스맥스는 먹는 것에 인색하지 않다. 식당의 메뉴가 부실하면 안 된다고 생각한다. 메뉴는 가능한 다양하게 구성하고 고급재료를 쓰도록 하고 있다. 직원들에게 나누어주는 옷과 신발도 마찬가지다. 가능하면 좋은 품질의 활동하기 편한 것으로 준비하라고 지시한다. 디자인도 유명 디자이너의 것을 사용한다.

이렇게 해도 직원들의 불만이 전혀 없을 수는 없다. 이것을 해결하는 최선의 방법은 만나서 직접 이야기를 듣는 것이다. 코스맥스에는 최고경영자와 함께하는 현장간담회라는 것이 있다. 최고경영진이 매년 1, 2회씩 현장에서 수고하는 직원들과 막역한 대화를 나누는 것이다. 가능하면 궂은일을 하거나 위생이 취약한 곳에서 일하는 직원들과의 대화를 우선시한다. 해당 장소를 책임지는 간부들과 이야기를 나누고 다음으로 직원들과 별도로 대화를 나눈다. 혹시 불편한 것은 없는지 고쳐야 하는 것은 없는지 그리고 이전에 회사가 약속한 것들은 지켜지고 있는지 등을 묻는다. 회사가 힘든 일을 하는 사람들을 챙기고 있음을 알려주고 약속한 사항은 꼭 지킨다는 것을 보여주기 위해서다. 현장에서 채집된 많은 불만과 건의사항은 바로 인사 부서에 전달되어 개선으로 이어지고 있다.

세상이라는
남에 주목하다

회사를 나라고 생각할 때 또 다른 남이 있다. 그 중 하나가 주주다. 어떤 기업들은 주주를 자신들에게 사업자금을 대주는 전주 정도로 생각한다. 그래서 주주 속이기를 밥 먹듯이 한다. 모뉴엘이라는 회사가 그러했다. 로봇청소기를 생산하는 이 회사는 한국에서 수출한 완제품을 현지에서 분해해, 부품을 다시 수입하는 방식의 허위 수출입으로 매출액을 부풀렸다. 이렇게 수출서류를 조작하는 방법으로 무역보험공사의 보증을 받고 한국의 여러 은행으로부터 거액의 대출을 받아 사기경영을 했다. 사람들은 처음에 이 기업이 승승장구 한다고 생각하고 주식을 샀다. 기업의 매출이 1조 원에 이르렀다고 발표된 적도 있었다. 모두 팔리지 않은 허위 외상매출이었다. 결국 사기행각이 들통나면서 회사의 주식은 하루아침에 휴지 조각이 되었다.

하지만 코스맥스는 이와는 정반대의 길을 걸었다. 코스맥스의 주가는 매우 높은 편이다. 주가가 높은 이유는 시장이 기업의 미래 성장성을 후하게 쳐준 이유도 있지만 순이익의 3분의 1을 주주들에게 배정하는 고 배당 방식을 채택했기 때문이기도 하다. 코스맥스의 설립자에게 그런 방식의 경영을 조언해준 사람이 있었다. 그는 코스맥스가 코스닥에 상장할 때 이런 말을 했다.

"내가 생각할 때, 수익배분은 합리적이어야 하네. 3분의 1은 세금을 내서 국가 경제에 공헌해야 하고, 3분의 1은 재투자해서 회사의 성장을 이끌어야 해. 그리고 나머지 3분의 1은 주주들에게 배당해야 하네. 그렇게 할 때 비로소 기업의 역할을 다했다고 할 수 있지."[8]

이 말이 이 회장의 마음속 깊이 들어왔다. 그해부터 코스맥스가 지키는 원칙이 있다. 순이익의 3분의 1 이상을 주주들에게 배당하는 것이다.

코스맥스가 최근 역점을 두고 있는 사업은 중국으로 진출하고 싶어 하는 중소 규모의 한국 화장품 회사를 돕는 일이다.

한국 화장품에 대한 중국인들의 인지도는 매우 높다. 따라서 중국에서 화장품 사업의 시장성도 매우 밝다고 할 수 있다. 하지만 실제로 중국 시장에 진입하려고 하면 첩첩산중이다. 중국 시장에 대해 정확히 이해하는 것도 어렵지만 시장에 진입하기 위한 절차들이 매우 까다롭기 때문이다. 중국 시장에 진출한다고 마음을 먹어도 '상표 등록→위생 허가→라벨 등록→중국 수출'까지는 험난한 길이 기다리고 있다. 〈그림 5-2〉가 이러한 프로세스를 잘 보여준다. 누군가 도와주어 일처리를 동시에 진행하고 절차가 문제없이 흘러가도 1년에서 1년 반이 걸리는 일이다. 그러니 웬만한 중소기업들은 중국 진출을 중도에 포기하거나 마냥 기다려야 하는 처지에 놓이게 된다.

절차만 까다로운 것이 아니다. 중국어 제품명을 잘못 사용하면 일을 다시 진행해야 한다. 예를 들어, 제품명에 '절대적'이라는 의미를 나타내는 표현은 사용할 수 없다. 特效(특효), 全效(전효), 强效

　　　　　　　　　　　초월적 가치경영

그림 5-2 중국 시장 진출절차

상표 등록

- 법적 필수사항은 아니나 상표를 법적으로 보호받기 위해 꼭 필요한 절차
- 시기: 일반적으로 중국 진출을 확정한 초기 단계
- 진행절차
  1) 상표 예비검색(2~7일) 2) 자료신청 3) 상표형식 심사(1개월)
  4) 상표접수 통지서 발급 5) 상표 실질검사(12개월)
  6) 상표 공고(3개월) 7) 등록증 발급

위생 허가

- 중국 수출 판매를 위한 법적 필수사항
- 분류: 수입 비특수 용도, 수입 특수 용도
- 진행절차
  1) 재중책임회사 선정 2) 수권서 작성 3) 시험검사(검축)
  4) CFDA 비준 신청 5) CFDA 심사 6) 등록증 발급

라벨 등록

- 위생 허가와 함께 중국 수출을 위한 법적 필수사항
- 진행절차
  1) 위생 허가 비준 2) 수입기업 등록 3) 통관 신청
  4) 상검국 라벨심사 5) 심사 통과 6) 라벨 등록 7) 통관

중국 수출

- 수입 및 유통업체 신용 조사
- 수출계약서 작성
- 수출준비 및 선적: 수출서류 준비 → 선적 의뢰 및 운송 → 수출통관 → 선적
- 중국 통관: 입항 수입 신고 → 검사 신청 → 세관신고→ 화물 검사 → 과세 및 납세 → 통관 → 출고 및 국내물류

(강효), 奇效(기효), 高效(고효), 速效(속효), 神效(신효), 超强(초강), 全面(전면), 全方位(전방위), 最(최), 第一(제일), 特級(특급), 頂級(정급), 冠級(관급), 極致(극치), 超凡(초범), 換肤(환부), 去除皺纹(주름제거) 등의 말이 사용되면 안 된다. 의료 작용과 효과를 명시하거나 암시하는 용어도 사용할 수 없다. 抗菌(항균), 抑菌(억균), 除菌(제균), 灭菌(멸균), 防菌(방균), 消炎(소염), 抗炎(항염), 活血(활혈), 解毒(해독), 抗敏(항민, 항과민), 防敏(방민, 과민방지), 脱敏(탈민), 斑立净(반립정), 无斑(무반), 祛疤(상흔제거), 生发(생발), 毛发再生(모발재생), 止脱(지탈), 减肥(감비), 溶脂(용지), 吸脂(흡지), 瘦身(수신), 瘦脸(수안), 瘦腿(수퇴) 등이다. 또 의료 명인의 이름을 사용해서도 안 된다. 扁鹊(편작), 华佗(화타), 张仲景(장종경), 李时珍(이시진) 등의 이름이 사용되면 상표 등록이 거부된다.

이처럼 중국 시장에 진출하려면 무수히 많은 복병이 기다리고 있다. 이러한 복잡한 일을 돕기 위해 코스맥스가 나섰다. 코스맥스는 2004년부터 중국 문을 두드렸다. 이 기간 중 코스맥스는 안 해본 경험이 없다. 가장 기본적으로 중국 정부로부터 허가를 얻는 작업에서부터 중국에서 일하려면 누구와 손잡아야 하는지, 어떤 대행사가 믿을 만한지 등 작업 파트너를 선택하는 작업에 이르기까지 무수히 많은 경험을 했다. 여기에 현지 시장 진입에 필요한 소비자 관련 데이터까지 경험으로 얻게 되었다.

코스맥스는 이런 정보를 중국 시장에 진출하고자 하는 중소 화장품 기업에 제공하고 이들을 돕는다. 코스맥스 입장에서는 많은 비용과 시간을 들여야 한다. 끊임없이 중국 정부의 정책과 법이 바뀌고 있어 이것을 쫓아가는 것이 쉽지 않기 때문이다. 하지만 코스맥스는 이 일을 매우 중요하게 여긴다. 한국 화장품 업체가 중국에서 자리 잡는다는 이타적 보람 외에도 도와준 기업들이 중국에서 자리 잡으면서 결국 코스맥스의 고객으로 돌아온다는 것을 잘 알고 있기 때문이다.

제6장

초월적 가치,
창의와 혁신을 이끌다

창의와 혁신이
시작되는 지점

코스맥스에서의 창의와 혁신은 두 종류의 '남'에서 시작된다. 첫째는 고객이라는 남이다. 어떻게 하면 고객에게 더 밀착할 수 있을까? 어떻게 하면 고객에게 더 많은 가치를 줄 수 있을까? 어떻게 해야 고객이 원하는 차별화를 만들어낼 수 있을까? 이런 생각들이 코스맥스에서의 창의와 혁신이 시작되는 단초를 제공한다.

둘째는 직원이라는 남이다. 기업이 극단적으로 고객에게만 집중하면 그만큼 직원들은 피곤해진다. 고객에게 봉사하는 기업을 고객 지향 기업이라고 할 수 있지만 한편으로 조직 구성원에 대해서는 그만큼 무관심해질 수 있다. 코스맥스에서는 고객을 향해 뛰는 동시에 직원들의 에너지도 유지시키기 위해 창의성과 혁신성을 발휘하고 있다.

그림 6-1 초월적 가치에 기반한 창의와 혁신

고객을 향한 창의와 혁신

고객들이 기업에 지속적으로 요구하는 것은 바로 끊임없는 창의성과 혁신이다. 코스맥스는 이러한 요구를 일찌감치 파악했다. 고객을 향한 코스맥스에서의 혁신은 두 가지 방향으로 작동한다. 하나는 유연성과 스피드를 높이는 것이다. 고객이 요구하는 것보다 더 넓게 생각하고 고객의 까다로운 요구도 거부하지 않는 마음이 유연성이고, 고객이 요구하는 것보다 더 빨리 움직이는 것이 스피드다. 다른 하나는 차별성이다. 창의성을 바탕으로 다른 회사가 흉내 낼 수 없는 혁신적 제품을 내놓겠다는 것이다.

코스맥스에서의 유연성과 스피드는 몸놀림을 빨리 하는 것에서 출발했다. 고객이 요구하는 스펙보다 더 많이 준비해가고 고객이 요구하는 시간보다 더 일찍 찾아가는 것이 그 예다. 최근의 코스맥스는 시스템적 혁신을 통해 이를 해결하고 있다. 고객사의 개발 프로세스와 코스맥스의 개발 프로세스를 연동하는 것이다. 고객사의 개발기준과 코스맥스의 개발기준의 차이를 비교해 그 기준을 서로 맞추면 제품개발에 대한 시너지를 창출할 수 있다. 이것을 코스맥스에서는 오픈 디벨롭먼트open development라고 한다.

보통 고객사와 접촉이 이뤄진 후 개발이 결정되면 개발과정은 품평과정과 양산과정으로 나누어 진행된다. 품평과정이란 고객사에 다양한 샘플을 제시하고 고객사가 그중 하나를 선택하면 이것을 중심으로 보다 세밀화된 샘플을 제공하는 것을 말한다. 이런 과정을 통해 최종 샘플과 스펙이 결정된다.

여기까지의 과정은 매우 일상적인 것이다. 문제는 이후의 양산과정이다. 양산이란 대량으로 생산하기 위해 준비하는 것을 말하는데, 샘플과 스펙이 결정되었다고 바로 제품이 양산되는 것은 아니다. 이때부터 1년에서 1년 6개월이라는 긴 시간이 필요하다. 처방에 대한 안전성을 확보하기 위한 피부자극 실험을 실시하고, 배합된 원료들이 안정성을 유지하는지 확인하며, 용기는 적절한지 검토하는 등 고객사와 수차례 논의를 거쳐야 하기 때문이다. 이렇게 시간이 오래 걸리는 것은 프로세스 자체가 번거롭고 까다로운 이유도 있지만, 그보다는 고객사의 실험방법과 절차가 코스맥스와 다른 것이 더 큰 이유다. 같은 실험을 했는데 측정하는 기기가 서로 다르면 같은 결과를 다르게 해석해 몇 번이나 오가며 오랜 시간 조정을 해야 한다.

로레알과 거래가 성사된 후에도 이와 유사한 일이 벌어졌다. 문제는 1년 6개월이라는 시간이 흐르면서 시장에서 화장품에 대한 선호가 바뀔 수 있다는 데 있다. 그런 문제를 인식한 두 회사는 동일한 기기로 화장품을 개발하고 동일한 절차로 일을 진행시키자는 데 의견을 같이했다. 양자 간 협약이 이뤄지자 두 회사는 서로의 개발과정을 완전히 개방했다. 그리고 코스맥스는 로레알과 동일한 측정기구들을 구입했고 검사 스펙도 로레알에 맞추었다. 기술적인 부분을 맞추었다고 모든 것이 끝나는 것은 아니었다. 일하는 방식 자체도 변화해야 했다. 로레알의 제품개발 눈높이에 맞추기 위해 직원들의 끊임없는 노력도 동시에 진행되었다. 연구수준뿐만 아니라 제품에 대한 안전 의식도 높여야 했다. 또한 업무의 수준이 단계별로 매우 세밀하게 나뉘지 않으면 안 되었다.

이렇게 되자 큰 변화가 일어났다. 이전에는 제품생산 과정이 코스맥스 개발→로레알 검증→코스맥스 재개발→로레알 재검증→코스맥스 재재개발→로레알 승인→제품 출시라는 매우 느린 절차로 진행되었다면 이제는 코스맥스 개발→코스맥스 개발 데이터의 검증→제품 출시라는 아주 짧은 절차로 이루어졌다. 이전의 경우 길게는 1년 6개월이 걸리던 일이 이제는 6개월에서 길어야 8개월 정도로 단축되었다. 그만큼 양사 모두 시장에 대응하는 속도가 빨라졌다.

개발절차가 개방되자 코스맥스의 의견을 흔쾌히 받아들일 정도로 서로에 대한 신뢰감도 높아졌다. 코스맥스의 입장에서는 고객에 대한 유연성과 스피드를 모두 확보할 수 있게 된 것이다. 로레알과의 오픈 디벨롭먼트가 알려지자 글로벌 파트너사인 에스티로더, 존슨앤드존슨, 엘리자베스아덴과 같은 화장품 회사들도 함께 개발하자고 제의해왔다.

고객을 향한 혁신과 관련해 또 한 가지 눈여겨볼 사항은 연구소 조직과 마케팅 조직을 통합한 일이다. 많은 기업들이 연구소가 생산 공장과 같은 조직에 있어야 하는지, 아니면 시장을 잘 아는 영업이나 마케팅 조직과 같이 있어야 하는지 혼란스러워한다. 어느 방식이 다른 방식에 비해 무조건 좋은 것은 아니다.

연구소가 생산 조직과 같이 있으면 생산성과 품질안정에 도움이 된다. 연구원들이 생산 부서의 사람들과 쉽게 의사소통할 수 있어 생산 부서의 요구를 수렴하기 쉽고 생산 부서의 사람들은 연구소의 의도를 정확히 파악해 품질을 끌어올릴 수 있기 때문이다. 반면 이 방식은 고객의 목소리보다는 생산현장의 목소리가 더 크게 반영된다는 단점이 있다. 공장과 같은 생산현장에서는 가능한 생산하기 쉽거나 생산성을 올릴 수 있는 제조방법을 선호한다. 이렇게 되면 자칫 고객의 요구가 무시될 가능성이 높다.

연구소가 영업이나 마케팅 조직과 가까이 있으면 반대 현상이 일어난다. 생산 부서는 조금 더 힘들어지지만 제품에 고객의 요구를 담아내는 것은 훨씬 쉬워진다. 영업이나 마케팅 부서의 불만은 연구소에서 시장이나 고객이 요구하는 스펙의 제품을 안 만든다는 것이다. 이런 볼멘소리의 대부분은 연구소가 영업이나 마케팅 조직과 분리되어 있어 일어나는 현상이다.

연구소를 어느 부서와 가까이 둘 것인가의 문제는 시기를 구분해서 생각해야 한다. 품질이나 생산성 문제가 많이 일어나는 경우에는 제품의 품질과 생산성을 높이기 위해 생산 부서와 연구소를 가까이 두는 것이 유리하다. 하지만 연구소와 생산 부서 간의 의사소통이 확립되고 생산 절차에 대한 서로의 이해가 높아지면 연구소가 시장의 목소리를 들을 수 있도록 조직을 개편하는 것이 옳은 방향이다. 코스맥스도 이러한 방식을 택했다. 처음에는 연구소 조직이 공장과 같은 위치에 있었다. 고객에게 신뢰할 수 있는 품질의 제품을 생산하는 것이 급선무였기 때문이다. 하지만 품질과 생산성에 자신감이 생기자 연구소를 마케팅 부서와 가까이 두도록 조직을 개편했다. 이유는 고객사의 니즈와 시장정보를 연구소에 신속히 전달하기 위해서였다.

연구소가 지방에 있는 생산공장과 같이 있었을 때에는 마케팅 부서와의 의사소통에 큰 문제가 있었다. 고객사에 샘플을 제공한 후 "붉은 기를 조금 낮춰 살구색 같은 느낌으로 바꿔달라"는 요구를 받으면 이 내용을 연구소 직원들에게 전달하는 것이 매우 어려웠다. 연구소 직원들은 어느 정도로 붉은 기를 줄이고 어느 정도의 살구색이면 좋겠느냐고 오히려 되물었다. 그러면 마케팅 직원은 알아서 해주면 되지 않느냐고 반문했다. 그래서 새롭게 만든 샘플을 마케팅 직원이 가져가면 고객사에서 "말을 왜 이렇게 못 알아듣느냐"는 핀잔이 돌아오곤 했다. 그러다 보니 고객이 요구하는 것보다 더 많은 3~5개의 샘플을 만들어 고객에게 보여주고 이것도 아니라고 하면 다시 3~5개의 샘플을 제작해 다시 보여주는 일이 다반사로 일어났다.

그런데 연구소와 마케팅 부서가 한 공간에서 일하자 이런 불필요한 갈등이 사라졌다. 고객과 함께 의논하고 있는 마케팅 회의에 연구원이 함께 참석해 고객이 요구하는 색상이 무엇인지를 바로 바로 알 수 있게 된 것이다.

고객사를 찾아가는 경우도 연구원들과 동행할 수 있어 편해졌다. 고객의 요구를 분명하게 이해하는 능력이 생기자 이제는 3~5개의 추측성 샘플이 아니라 2~3개의 확신이 높은 샘플을 제시하는 것이 가능해졌다. 연구소가 마케팅 부서와 따로 떨어져 있을 때에는 문제가 있었다. 두 부서가 각각 다른 트렌드 정보를 수집하고 다른 방식의 신제품 콘셉트를 만든 것이다. 두 부서가 가까이서 협력하기 시작하면서 문제는 사라졌다. 한자리에서 함께 정보를 모으기 시작했고 두 부서가 모여 공동 세미나를 열면서 서로의 감각을 일치시킬 수 있게 되었다.

처음 연구소가 공장을 떠나 마케팅 부서 쪽으로 이동한다고 했을 때 생산 부서에서는 불안하기 짝이 없었다. 하지만 점차 새로운 방식에 적응해 연구소에 대한 의존성이 낮아지기 시작했다. 전에는 품질 문제만 생기면 연구소 사람들을 부르기 일쑤였다. 그러면서 정작 생산현장에서는 뒷짐 지고 쳐다보고 있었다. 하지만 연구소 조직이 공장을 떠나자 생산 조직에서의 자체적인 노력이 일어나기 시작했다. 가장 큰 변화는 생산 부서가 스스로 생존을 위해 노력하기 시작했다는 점이다. 우선 연구소와 생산 부서 간의 의사소통 방식을 매뉴얼화하기 시작했다. 매뉴얼이 완성되자 공장 사람들을 대상으로 밀도 높은 교육이 실시되었고 더 나아가 제조기술 아카데미라는 상시 교육체계도 구축했다.

고객들을 위한 혁신을 추구함에 있어 코스맥스가 업계 최초로 한 일이 있다. 바로 색조화장품 연구팀과 기초화장품 연구팀을 결합해 하나의 조직을 구성한 일이다. 색조화장품은 색상이 있는 메이크업용 화장품이고 기초화장품은 스킨케어를 위한 화장품이다. 업계 최초라는 이유로 혁신적이라는 의미를 부여하는 것이 아니다. 다른 기업들도 색조와 기초가 합쳐져야 한다는 당위성은 알고 있었지만 번번이 실패했거나 시도할 엄두조차 내지 못한 일을 코스맥스가 해냈기 때문이다.

일반적으로 화장품 업계에서는 기초화장품 : 색조화장품 : 헤어화장품의 시장점유 비율이 60:30:10으로 통용되고 있다. 이것은 기초와 색조가 화장품 업계의 양대 산맥이라는 말이고 이 비율대로라면 화장품 업계에서 기초가 차지하는 비중이 막대하다는 것을 의미한다. 화장품 회사 내부에서도 기초화장품에 종사하는 연구원들의 자부심이 매우 높다. 그런 만큼 기초화장품 연구팀과 색조화장품 연구팀을 합치는 것은 생각조차 할 수 없는 일이었다. 그 일에 코스맥스가 과감히 도전장을 던졌다.

이전에는 어느 누구도 두 부서를 합칠 생각을 하지 못했다. 아니 생각할 필요가 없었다. 색조화장품 시장과 기초화장품 시장은 엄격히 분리되어 있었기 때문이다. 하지만 시장에 이 둘의 결합을 강력히 요구하는 변화가 일어났다. 한국에 BB크림이 수입되면서부터다. BB크림은 원래 독일의 한 제약사가 여성들의 피부문제를 해결해주기 위해 내놓은 의약품에서 출발했다. 일종의 피부약인 셈이다. 외국 여배우들 사이에서 사용되기 시작하면서 세상에 알려졌지만 이 제품은 어디까지나 스킨케어 전용 제품이었다. 여기에 자외선차단제 성분과 색조화장품인 크림파운데이션을 집어넣은 곳이 한국이다. 한국의 한 기업이 이것으로 대성공을 거두면서 이제는 한국 화장품이 BB크림의 대명사가 되었다. 이 제품의 출시와 함께 색조와 기초가 서로 만나 새로운 제품이 만들어지는 일들이 심심치 않게 일어났다. 쿠션파운데이션이 또 다른 예다. 이렇게 한국에서는 색조와 기초가 만나는 새로운 트렌드가 형성되고 있었다.

이러한 추세에 부응하기 위해서는 당연히 화장품 기업 내부에서 색조화장품과 기초화장품 연구지식이 융합되어야 한다. 색조화장품과 기초화장품을 개발하기 위한 지식에는 차이가 있다. 예를 들면, 기초화장품에서는 색조를 사용하지 않기 때문에 색상의 변조나 편차에 대한 지식은 필요 없고 피부 보호를 위해 수분을 잡아주는 기술이 중요하다. 그렇다 보니 기초화장품 연구원들은 색소의 종류나 사용 그리고 체질 안료에 대한 지식이 부족하다. 반대로 색조화장품 연구원들은 수분을 효과적으로 잡아주기 위한 지식이나 기초화장품에서 사용하는 기본 지식인 유화기술을 잘 알지 못한다. 이

기술이 전혀 필요 없기 때문이다.

만일 색조화장품 입장에서 융합제품을 만들면 수분을 잡는 기술이 없어 애를 먹게 된다. 반대로 기초화장품 측에서 융합제품을 만들면 색조 변색과 뭉침을 막는 지식이 없어 문제해결이 어렵다. 이러한 상황임에도 화장품 업계에서는 두 부서의 기능을 합치는 작업에 엄두도 내지 못했다. 기초화장품계는 영향력이 세고 자존심이 강해 색조화장품계 사람들과 이야기하는 것조차 꺼리는 분위기였기 때문이다. 그러니 색조화장품계 입장에서도 그들을 만나는 것을 달가워하지 않는 것이 당연했다. 물과 기름 같은 두 조직을 합치는 것은 결코 쉽지 않은 일이었다.

두 조직을 단순히 물리적으로 결합하는 것은 문제가 많았다. 그래서 코스맥스는 고민 끝에 기초연구 부문과 색조연구 부문을 유사한 기술단위로 묶어 혼합하는 방식을 택했다. 기술의 유사성을 고려한 이유는 색조와 기초가 공통의 이해를 가지는 부분을 확보해주기 위해서였다. 그렇게 만들어진 조직이 랩Lab형 조직이다. 예로 CF랩은 기초 부문의 크림(C)과 색조 부문의 파운데이션(F) 연구원이 한 조직으로 합쳐진 경우다. 랩조직을 구축하면서 반드시 색조와 기초만을 결합한 것은 아니었다. EM랩은 기초 부문의 에센스(E)와 기존 마스크 부문에 속했던 마스크시트(M) 연구원들이 결합된 조직이다. 〈그림 6-2〉가 이것을 보여준다.

두 조직을 융합시키는 일이 일사천리로 진행됐던 것은 아니다. 구성원들 사이에서 조직융합 효과에 대한 의구심을 갖는 사람들도 많았다. 기존 조직은 기능적 조직으로 유사한 기술을 가진 사람들이 모여 연구하기 때문에 비용 효율성이 높았지만, 랩형으로 바뀌면 이런 효과가 사라질 것이라고 염려했다. 또 색조와 기초가 분명했던 때에는 색조 부문과 기초 부문의 성과를 나누는 것이 쉬웠는데, 이제는 둘이 섞였으니 실적을 어떻게 배분하느냐라는 문제도 제기됐다. 그리고 사람만 합쳐놓았다고 조직이 화학적으로 결합되는 것이 아니라는 염려도 있었다.

하지만 고객이 원하는 제품을 만들기 위해서는 이 방법밖에 없다고 판단한 코스맥스는 과감히 이 길을 걸어가기로 마음먹었다. 그리고 연구원들을 설득했다. 차츰 이들이 서로 마음을 합쳐 제품을

그림 6-2   기초조직과 색조조직의 융합

개발할 수 있는 방법들이 모색되었다. 먼저 서로를 알게 하는 것이 중요했다. 그래서 랩 내에서 1일 1회 또는 상황에 따라서 1주일에 1회씩 30분 정도 토론하는 기회를 마련했다.

서서히 변화가 일어났다. 전혀 새로운 제품이 개발되기 시작한 것이다. 파운데이션은 여성들이 가장 많이 사용하는 색조화장품이다. 대표적 제품이 바로 수분산(일명 유화중합 에멀전) 파운데이션으로 물과 기름이 중화되어 섞여 있는 것이다.

그런데 이 파운데이션에는 색상의 편차가 많고 바를 때 빡빡한 느낌이 많이 든다는 문제가 있었다. 그리고 안료가 분리되어 강제로 용기를 흔들어 섞어주어야 했다. 색조팀 연구원들은 해결방법을 찾지 못했다. 기초팀에서 사용하는 유화기술을 잘 알지 못하기 때문이었다. 이런 문제를 해결하기 위해 코스맥스는 젤Gel형 수분산 틴트 파운데이션이라는 신제품을 개발하게 되었다. 파운데이션을 젤화해 보다 촉촉한 느낌을 받게 하고 안료가 분리되는 문제를 해결했다. 이 지식은 기초연구원들에게는 친숙한 기술이다.

직원을 향한 창의와 혁신

고객의 요구를 들어주는 것은 중요하지만 이것에만 집중하면 반대로 직원들의 육체적·심리적 노동강도가 크게 늘어난다. 또한 기업 내부에서는 일하는 절차가 복잡해지고 일하는 방식도 수시로 변하게 된다. 이렇게 되면 일의 불확실성이 증가해 생산성의 하락은 물론이고 직원들 역시 몸살을 앓게 된다. 〈그림 6-3〉을 통해 이런 상황을 살펴보자.

〈그림 6-3〉에는 두 가지 개념이 등장한다. 하나는 일의 복잡성이다. 일의 절차가 많고 복잡하게 엉켜 있음을 의미한다. 다른 하나는 일의 변동성이다. 일이 자주 바뀌는 정도를 말한다. 일의 절차가 복잡해지고 자주 바뀌면 일의 흐름이 불확실해져 그만큼 비용이 증가한다. 이것을 〈그림 6-3〉에서는 일의 불확실성 비용이 폭증하는 것으로 나타내고 있다. 기업의 입장에서는 최악으로, 직원들의 에너

그림 6-3　기업에서의 불확실성 비용

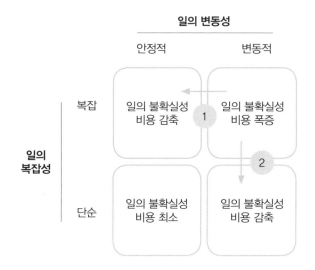

지도 빠르게 고갈되는 상태다. 이것도 모르고 직원들을 나태하다고 다그치기만 하면 그 조직은 순식간에 활력을 잃어버리게 된다. 그렇다고 고객을 등한시할 수도 없는 문제다. 고객지향성도 유지하면서 일의 불확실성을 최소화하려면 어떻게 해야 하는가? 무엇보다 직원들이 일하는 방식을 혁신해주어야 한다.

일의 변동성이 발생하는 이유는 고객에게 있다. 고객의 마음이 바뀌고 이에 따라 주문 내용이 바뀌기 때문이다. 화장품 업계는 이런 현상이 특히 심하다.

복잡성은 주로 기업 내부의 사정에 의해 발생하는데, 그 이유는 다음과 같다. 첫째로 조직 내부에서 기능 영역 간 갈등이 많거나 의사소통에 장애가 발생했을 때, 기업이 이를 해결하기 위해 복잡한 규정이나 절차를 만들기 때문이다. 또 다른 이유도 있다. 일정한 절차 없이 일이 생길 때마다 되는 대로 하다 보니 작업의 흐름이 난마처럼 얽히게 되어서다. 이런 문제를 개선하기 위한 방법은 간단하다. 일의 변동성과 복잡성을 줄이기 위해 혁신하는 것이다.

먼저 일의 변동성을 줄이는 방법에 대해 생각해보자. 〈그림 6-3〉의 ①의 경로를 통해 일의 불확실성 비용을 감축하는 방법이다. 이 방법은 고객과 조율이 필요하다. 대체로 고객과의 관계를 새롭게 모색하는 것에서 시작한다. 여기에도 몇 가지 방법이 있다. 예약받기가 첫 번째 방법이다. 자동차 회사들은 예약을 받은 후 제품을 만드는 시스템이 정착되어 있다. 일의 변동성을 줄이기 위해서다. 하지만 화장품 업계는 예약을 받기 어렵다. 화장품은 그때그때의 경제상황이나 사회 분위기를 반영해야 하고 까다로운 고객의 마음을 잡아야 하는 제품이기 때문이다. 두 번째 방법은 피드백을 미리 받는 것이다. 이것을 사전 피드백이라고 한다. 피드백이란 원래 개발된 제품이나 서비스에 대해 소비자나 고객의 생각을 듣는 것을 말한다. 그래서 피드백은 사후적인 것이 특징이다. 사전 피드백은 피드백을 받는다는 점에서는 사후 피드백과 유사하지만 먼저 받는다는 점에서 차이가 있다. 사전 피드백은 샘플에 대한 품평회를 받는 날보다 앞서 피드백을 받고 원래 품평회 날에 또 한 번 피드백을 받는 방법이다. 세 번째 방법은 피드포워드feed-forward다. 피드포워드란 고객의 이야기를 듣기 전 고객의 반응을 미리 예상해 대처하는 것을 말한다. 네 번째는 동기화synchronize라는 방법이다. 고객과 실시간으로 상호작용하며 서로를 조정하는 것이다.

네 가지 방법 중 코스맥스는 사전 피드백, 피드포워드 그리고 동기화라는 방법을 동시에 사용해 고객의 변동성을 줄이기 위해 노력하고 있다. 이들 방법을 조금 더 자세히 설명해보자.

사전 피드백은 샘플 납품일보다 하루 이틀 먼저 고객을 만나서 그들의 반응을 살피는 방법이다. 실제 납품해야 할 날보다 앞서 의견을 묻는 것이다. 피드포워드는 샘플을 가져갈 때 가능한 고객의 생각을 읽어 다른 종류의 샘플도 동시에 가져가는 것이다. 이렇게 하면 고객이 생각을 바꿔 다른 것을 주문해도 그에 유연하게 대처할 수 있다. 동기화는 고객이 연구소를 찾을 경우 영업사원과 연구원이 동행해 고객과의 대화에 함께 참여하도록 하거나 아예 고객사의 개발 시스템과 회사의 개발 시스템을 연동시키는 것이다. 코스맥스가 실천하고 있는 오픈 디벨롭먼트가 여기에 해당한다.

일의 복잡성을 최대한 줄이기 위해서는 내부에서의 일처리 방식을 단순하게 하고 기간도 줄이는 혁신이 필요하다. 〈그림 6-3〉의 ②의 경로를 말한다. 이 일에 코스맥스가 나섰다. 사실 고객의 마음이 변하면 가장 괴로운 곳은 공장이다. 공장의 업무 중에서도 자재와 생산 관련 업무가 가장 힘들다. 대체로 많은 기업들은 고객의 요구에 따라 그때그때 임기응변으로 대처한다. 이렇게 되면 일의 절차가 복잡해지는 경우가 자주 발생한다. 이때 작업과정에서 실수와 오류로 인해 큰 사고가 발생할 수 있다. 일에 오류가 나거나 실수가 생기면 직원들은 이것을 교정하는 데에 정신과 에너지를 쏟아야 하고 그만큼 지치게 된다.

코스맥스에서도 그런 일이 자주 있었다. 잦은 주문 변경으로 작업절차가 심하게 꼬이면 가장 타격을 받는 곳이 있었다. 바로 창고다. 다양한 자재와 부자재의 입출이 빈번해지면서 생산현장에 엉뚱한 자재나 부자재가 도착하는 일이 자주 일어났다. 화장품에 사용되는 자재와 부자재의 수는 7천여 가지가 넘는다. 이렇게 많은 자재와 부자재의 입출이 꼬이는 때면 잘못 들어온 자재로 인해 작업이 지체되었고 생산효율도 당연히 떨어졌다.

더 큰 문제는 직원들의 피로감이었다. 자재담당 및 출납 인력과 생산직 직원들의 스트레스가 폭증했다. 사태가 여기에 이르자 이를 개선하기 위한 대대적인 혁신이 전개되었다. 창고관리 시스템을 도입하기로 한 것이다. 자재와 부자재가 정확히 어디에 있는지를 알고 이들의 위치가 바뀔 경우에도 새로운 위치를 지정하는 시스템을 도입했다. 여기에 더해 고객의 오더를 반영하는 전사적 자원관리 ERP, Enterprise Resource Planning 시스템과 자재와 부자재에 대한 바코드 시스템을 연동시켰다. 그러자 ERP에 의한 생산 명령에 따라 어떤 자재가 어디에 투입되어야 하는지에 대한 정보가 분명해졌다. 그리고 바코드 시스템에 의해 자재와 부자재에 부착된 바코드만 스캐닝하면 재고상황과 생산현장에 투입된 상황을 쉽게 파악할 수 있었다. 사람의 손으로 했을 때보다 실수가 대폭 줄어들었다. 그만큼 직원들은 여유 있게 일할 수 있는 환경이 마련되었다. 수주·제조·재고에 이르는 흐름이 체계적으로 구축된 덕분이었다.

칭량 시스템도 개선했다. 칭량이란 원료의 양을 측정하는 것을 말한다. 화장품에서는 원료의 배합 비율이 중요하고 이것을 잘하려면 미세한 측정이 매우 중요하다. 전에는 생산직 사원들이 자신의 방식으로 칭량을 했다. 어떤 사람들은 측정도구를 사용하기도 했지만 눈대중으로 하는 경우도 있었다. 그러다 보니 제조상 불량이 발생하는 일들이 반복되었다. 이렇게 되면 재작업을 해야 하고 그만큼 퇴근 시간은 늦어졌다.

이런 문제를 해결하기 위해 기존의 ERP→바코드 시스템→창고관리 시스템→제조로 이어지던 흐름의 중간에 칭량 시스템을 도입하기로 했다. ERP→바코드 시스템→칭량 시스템→창고관리 시스템→제조라는 일련의 흐름이 만들어진 것이다. ERP를 통해 수주하고 생산 오더가 관리되면 자재들의 움직임은 바코드 시스템에 의해 통제되고 개별 원료의 해당 공정 투입은 칭량 시스템에 의해 관리된다. 일련의 시스템이 구축되자 코스맥스의 고객주문, 원자재 투입, 생산 및 제조라는 작업의 흐름이 한눈에 보이기 시작했고 작업 절차도 간편하게 단축되었다. 그만큼 직원들은 오류를 수정하기 위한 일에 끌려다닐 필요가 없어졌다.

하지만 이런 시스템은 웬만한 기업이면 갖추고 있는 것들이다. 코스맥스는 여기에 더하여 생산현장의 일 자체를 단순화하는 혁신도 추진했다. 코스맥스의 생산현장에는 매우 다양한 충진기가 놓여 있다. 충진기란 만들어진 화장품을 용기에 주입하는 기계로 화장품의 종류와 상관없이 다양한 용도로 쓰인다.

하지만 중요한 것은 세척이다. 이전에 충진된 화장품의 잔존 내용물을 철저히 제거하지 않으면 이물질 혼합으로 인한 문제가 발생한다. 이때 생산직 직원들은 매우 바빠진다. 정해진 시간에 생산량을 맞추기 위해서는 세척 속도가 빨라져야 하기 때문이다. 이 순간은 웬만한 생산직 베테랑도 버거워한다. 이 문제를 코스맥스가 해결했다. 핵심은 필요한 양의 충진기보다 더 많은 충진기를 투입하는 것이다. 코스맥스의 공장에 가보면 109개의 충진기가 늘어서 있다. 회사의 입장에서 설비 투입량이 늘어난 것은 비용의 증가를 의미한다.

그럼에도 불구하고 코스맥스가 충전기를 충분히 확보한 이유는 체인지 오버 타임change over time으로 인한 직원들의 피로도를 줄여주

초월적 가치경영

기 위해서다. 체인지 오버 타임이란 다른 화장품을 충전하기 위해 충전기를 세척하는 데 걸리는 준비시간을 말한다. 그리고 가능한 하나의 충전기에는 동일한 화장품을 주입하도록 하는 충전전문 라인도 구축했다. 이 역시 불필요하게 충전기를 세척함에 따른 직원들의 피로와 시간낭비를 줄여주기 위해 나온 개선책이었다.

제7장

조직가치가 존재하는
방식 이해하기

기업의 조직가치는
어떻게 존재하는가

지금까지 우리는 초월적 가치경영이 무엇이고 어떤 효과가 있는지 살펴보았다. 코스맥스에서는 초월적 가치가 어떻게 작동되고 있는지도 살펴보았다. 그렇다면 초월적 가치를 어떻게 조직에 내재화시킬 수 있을까? 이것을 알려면 먼저 이해해야 하는 것들이 있다. 조직의 가치가 기업 내부에 존재하는 방식에 관한 것이다. 초월적 가치 역시 조직가치의 일종이기 때문에 이것이 기업 내부에 어떤 방식으로 존재하게 되는지를 먼저 이해하는 것이 필요하다.

  기업에 존재하는 가치에는 크게 네 가지가 있다. 표방가치, 규범가치, 솔선가치, 공유가치다. 이들을 살펴보면 다음과 같다.

    표방가치The espoused values   최고경영자에 의해 구성원들에게 전달되는 말이나 글로 표현되는 가치

규범가치The normative values　구성원들 개개인들에게 규범적으로 요구
　　되는 가치

솔선가치The leading-by-sample values　경영 상층부의 솔선수범 행동으로
　　구성원들에게 전달되는 가치

공유가치The shared values　일상적이고 실제적으로 구성원들의 마음속
　　에 내재되어 있는 가치[9]

　위의 네 가지 조직가치들은 서로 관련성이 있다. 이 관련성을 이
해하기 위해서는 이들 가치를 분류하는 두 축을 알아볼 필요가 있
다. 하나는 이들 가치가 조직의 어디에 존재하는가와 관련된다. 이
것을 '조직가치의 존재위치'라고 한다. 조직가치가 의사결정 상층

그림 7-1　조직가치가 존재하는 방식

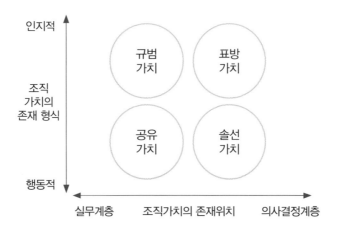

　　　　　　　　　　　　　　　　　　　　초월적 가치경영

부에 존재하는지 아니면 조직의 실무계층에 존재하는지를 말한다. 다른 하나는 조직가치가 인지적 의미로 남아 있는지 아니면 행동적 의미를 가지고 있는지와 관련이 있다. 이것을 '조직가치의 존재 형식'이라고 한다. 조직가치가 인지적인 의미로 남아 있다는 것은 머릿속에 생각으로만 남아 있는 상태를 말한다. 행동적이라는 말은 조직가치가 실제로 조직구성원의 행동양식에 배어 실제적인 행동에 영향을 미치고 있음을 의미한다. 그것을 구분해서 나타낸 것이 〈그림 7-1〉이다.

네 가지 조직가치들의 특성

네 가지의 조직가치들은 각각 성질이 서로 다르다. 표방가치와 규범가치는 기업에 의해 강조되는 가치다. 표방가치는 최고경영자의 의지가 배어 있는 가치다. 예를 들어, 회사의 CEO가 "우리 회사는 앞으로 고객에 대한 정직을 무엇보다도 중시하겠다"와 같은 말을 했다면 '고객에 대한 도덕성'이 바로 표방가치가 된다. 대체적으로 회사의 슬로건에 담겨 있는 말들이 표방가치일 가능성이 높다.

규범가치는 구성원들이 반드시 지켜야 할 가치를 말한다. '고객에게 먼저 인사하기', '바른 말로 답하기' 등과 같이 회사에서 생활하기 위해 필요한 규범들을 정형화시켜놓은 것을 말한다. 이 둘은 모두 "이렇게 해야 한다"와 같은 머릿속의 생각 즉 인지적 특성을 가지고 있다. 하지만 이것을 구성원들이 실제로 행동에 옮기고 있는가와는 무관하다.

이와 달리 공유가치와 솔선가치는 행동이 수반되는 가치다. 솔선가치는 윗선에서 솔선적인 행동을 보여줌으로써 다른 구성원들도 그렇게 하기를 요구하는 가치다. 공유가치는 실무에 종사하는 모든 구성원들이 서로 동의하고 받아들인 가치를 말한다. 누가 하라고 시키지도 않았는데 출근한 뒤 자신의 자리와 주위 자리를 깨끗하게 청소하는 것이 구성원들의 일상적인 행동이라면 '회사 청결'이라는 가치가 구성원들에게 공유되었다고 말할 수 있다. 모든 사람들이 말하지 않아도 제시간에 출근하고 퇴근하면 '정시출근 정시퇴근'이라는 조직가치가 공유되어 있는 상태다.

그런데 이 네 가지 가치들은 한 방향으로 움직이지 않는다. 표방가치가 반드시 규범가치로 받아들여지는 것은 아니며, 또한 솔선가치나 공유가치로 연결되는 것도 아니다. 어떤 의미에서 보면 이 네 종류의 가치는 별개의 것이다. 아무리 최고경영자가 가치를 표방해도 구성원들에게는 공허한 메아리가 될 수 있다. 아무리 규범적으로 강조하고 평가해도 구성원들이 마음속으로는 이것을 배척할 수도 있다. 이 네 가지 가치는 각자 다음과 같은 유형의 문제를 가지고 있다.

표방가치의 문제 표방가치만으로 진정한 의미의 조직가치가 만들어진다고 생각하면 오산이다. CEO가 강조하는 말이나 글이 구성원들

초월적 가치경영

의 입장에서는 무의미하게 들릴 수 있다. 또는 구성원들의 입장에서 보면 비웃음을 자아낼 수도 있다.

규범가치의 문제 "우리 회사에 오면 이렇게 행동해야 함"과 같이 조직 구성원들의 행동을 구속하는 문구나 말이 실제로 구성원들의 생각과 행동에 스며든다고 생각하면 이 역시 오산이다. 구성원들은 자신들에게 요구되는 다양한 가치들에 대해 비판적 태도를 가질 수 있다.

솔선가치의 문제 경영층에서 솔선하는 행동은 매우 강력한 메시지를 지닌다. 하지만 구성원들은 이것에 대해 인위적인 행동인지, 진정성 있는 행동인지를 판단한다. 만일 진정성이 결여되어 있다고 생각되면 경영층에 대해 위선적이라고 생각할 뿐만 아니라 이에 대해 매우 부정적인 인식을 형성하게 된다.

공유가치의 문제 실제적으로 조직구성원들의 생각이나 행동 속에 내재된 가치를 말한다. 하지만 공유가치가 반드시 건전한 방향으로만 형성되는 것은 아니다. 예를 들어 "우리 회사에서는 말하기 전에 일단 윗사람의 눈치를 먼저 살펴야 해"와 같은 건강하지 못한 가치가 구성원들에게 퍼져 있을 수도 있다.

혼연일체형
조직가치 만들기

가치경영의 핵심은 이렇게 별개로 존재하는 네 가지 가치를 하나
의 방향으로 움직이게 만드는 데 있다. 초월적 가치경영 역시 마찬
가지다. 초월적 가치가 기업 내부에 정착되기 위해서는 우선 최고
의 자리에 있는 최고경영자의 가치에 대한 선언적 표방이 있어야
한다. 권위가 실린 말이 있어야 한다는 얘기다. 이것을 상부 경영층
이 솔선수범하게 하고, 조직구성원들이 지켜야 할 규범이 되도록
하며, 모든 구성원들이 이를 마음으로 받아들이고 실천하도록 해

그림 7-2 혼연일체형 조직가치

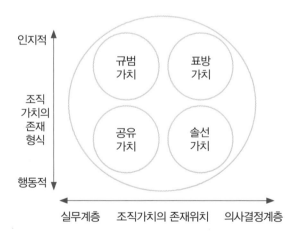

초월적 가치경영

야 한다. 모든 구성원들이 마음으로 받아들이는 마지막 단계가 모든 사람들이 가치를 공유한 상태다. 이로써 네 가지 가치는 혼연일체를 이루게 된다. 이렇게 조직가치가 구성원들의 행동을 움직이고 이것이 유지되어야 조직문화의 근간으로 자리 잡을 수 있게 된다 (〈그림 7-2〉 참조).

하지만 기업의 조직가치를 혼연일체형으로 만드는 것은 생각보다 쉽지 않다. 여기에는 몇 가지 문제가 있다. 가장 많이 나타나는 문제는 최고경영자가 표방한 가치와 다른 가치들 사이에 괴리가 발생하는 것이다. 이런 현상을 리더십 괴리(〈그림 7-3〉 참조)라고 한다. 리더가 제시하고 전달하고자 하는 조직가치와 조직 내부에서 규범

그림 7-3 리더십 괴리

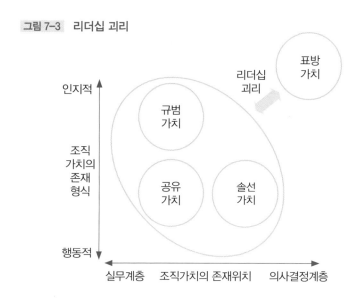

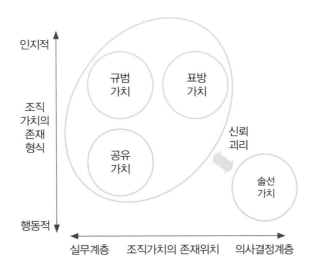

그림 7-4 신뢰 괴리

인지적

조직
가치의
존재
형식

행동적

규범
가치

표방
가치

공유
가치

신뢰
괴리

솔선
가치

실무계층　　조직가치의 존재위치　　의사결정계층

화된 가치나 의사결정층의 실제적인 행동들 사이에 차이가 있거나, 전체 구성원들이 가지고 있는 마음속의 가치와 어긋난 경우다.

　이런 문제가 나타나는 데에는 두 가지 이유가 있다. 하나는 리더가 의도적으로 현재의 조직가치를 변화시키고자 하는 경우, 즉 기존의 것이 아닌 전혀 새로운 가치를 통해 조직을 변화시키고자 하는 경우다. 다른 하나는 리더가 특정한 가치를 주창하고 있기는 하지만 말뿐으로 이를 실현시키기 위해 적절한 행동에 옮길 의지가 없는 경우다. 이 경우가 큰 문제가 되는데, 리더가 제시한 표방가치는 조직에서 겉돌게 된다. 이로 인해 리더십에 큰 타격을 받기도 한다. 구성원들은 최고경영자가 미사여구만 전달하려고 한다고 생각

초월적 가치경영

그림 7-5　변화 괴리

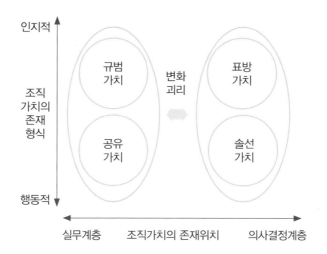

하기 때문이다.

　의사결정층이 행동으로 보여주는 가치, 즉 솔선가치가 다른 가치들과 불일치하는 경우도 있다. 의사결정층의 행동에서 암시되는 가치가 자신들이 강조하는 가치나 구성원들에게 요구하는 가치 그리고 구성원 모두가 마음속에 담고 있는 가치와 위배되는 경우다. '고객에게 정직하자'는 가치가 표방되었고(표방가치), 그렇게 하자고 구호도 외쳤으며(규범가치), 모든 구성원들도 그런 방식으로 행동하고 있는(공유가치) 상황임에도 의사결정층이 고객에게 정직한 행동을 하지 못한 경우다. 이렇게 되면 조직 내부에는 의사결정층에 대한 극도의 불신감이 생기게 된다. 이것을 신뢰 괴리(〈그림 7-4〉 참조)

라고 한다.

조직의 최고경영자가 가치를 표방하고 이를 실천하기 위해 솔선해서 노력하고 있지만 구성원들에게 규범적으로 침투되지 못하고 전 구성원이 공유하지 못하는 경우도 있다. 이런 현상은 주로 조직 변화의 초기에 나타난다. 최고경영자를 비롯해 조직의 상층부가 새로운 가치를 제시하고 솔선해서 실천하고 있음에도 구성원들이 이를 아직 생소하게 느끼는 경우다. 가치가 전체 조직으로 퍼져나가지 못하는 이유는 조직구성원들에게 가치를 침투시키는 적절한 방법을 모르기 때문이다. 이런 경우를 변화 괴리(〈그림 7-5〉 참조)라고 한다.

내재화 괴리(〈그림 7-6〉 참조)도 이해할 필요가 있다. 일종의 변화 괴리로 가치도 표방돼 있고 이것을 상층부가 솔선수범하며 구성원들이 지켜야 할 규범도 마련되었지만 아직은 모든 구성원들의 마음속으로 가치가 파고들지 못한 경우다. 가치가 내재화되기 위해서는 표방가치 · 솔선가치 · 규범가치가 일치하고 이를 일관성 있게 추구하는 동시에 기업이 일치된 가치를 제도화하려는 노력도 뒤따라야 한다.

가장 안 좋은 경우는 머릿속의 조직가치와 실제적으로 나타나고 있는 가치가 서로 격차를 보이는 것이다. 이것을 표리부동 괴리(〈그림 7-7〉 참조)라고 한다. 최고경영자가 내거는 가치와 실제 행동으로 보여주는 가치 사이에 차이가 있고 구성원들에게 요구하는 가치가 구성원들의 마음속에 전혀 파고들지 못하는 경우다. 이렇게 되

그림 7-6   내재화 괴리

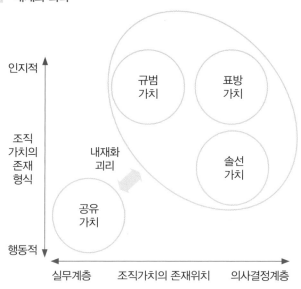

그림 7-7   표리부동 괴리

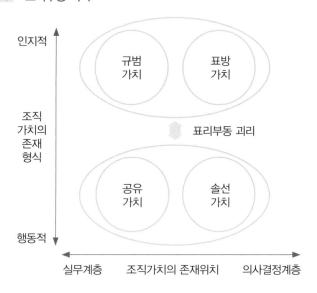

면 매우 건강하지 못한 상황이 조직 내부에 전개된다. 구성원들이 조직의 리더와 상층부를 믿지 못하게 된다. 뿐만 아니라 회사가 자신들에게 요구하는 것은 실천할 필요가 없고 그저 표면적으로 흉내만 내면 된다고 생각한다.

네 가지의 조직가치를 어떻게 하면 한 방향으로 정렬시킬 수 있을까? 가장 첫 번째 해야 할 일은 새로운 표방가치를 정립하는 것이다. 이것은 전적으로 최고경영자의 몫이다. 미래의 환경에 적응하기 위해 가장 바람직한 가치가 무엇인지를 선정하고 이를 지속적으로 공표하는 과정이 필요하다. 하지만 이것만으로는 부족하다. 조직구성원들이 진정으로 표방된 가치를 받아들이도록 하기 위해서는 이것이 진정성 있는 가치라는 것을 인식시켜야 한다. 이를 위해서는 리더 본인을 포함해 경영층이 표방된 가치를 솔선수범하지 않으면 안 된다. 구성원들이 이 과정을 보여주기 식이라고 인식하면 이들은 표방가치가 거짓이라고 믿게 된다. 따라서 구성원들이 새로운 표방가치를 준수할 수 있도록 제대로 된 규범가치가 제시되어야 하고 이를 반복적으로 교육시켜야 한다. 또한 지키지 않으면 조직 내에서 생존하기 어렵다는 것도 인식시켜야 한다. 이러한 작업이 반복적으로 이루어지고 제도로 뒷받침될 때 네 가지 가치가 하나로 정렬되면서 통합될 수 있다. 〈그림 7-8〉이 이것을 보여주고 있다.

136쪽의 〈표 7-1〉은 혼연일체형 가치를 갖지 못한 기업과 가진 기업의 차이를 나타낸 것이다.

그림 7-8   혼연일체형 가치정렬

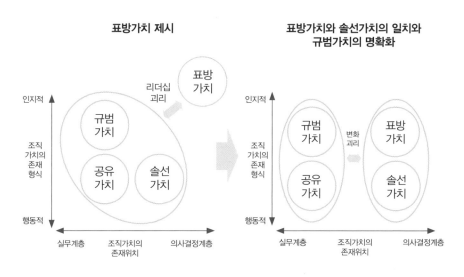

표방가치 제시

**표방가치와 솔선가치의 일치와
규범가치의 명확화**

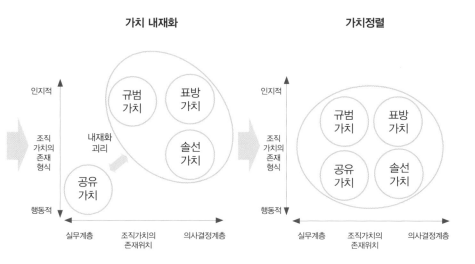

가치 내재화

가치정렬

표 7-1　혼연일체형 조직가치를 갖지 못한 기업과 가진 기업의 비교

구분	혼연일체적 가치를 갖지 못한 기업	혼연일체적 가치를 가진 기업
실무 계층	– 명확한 조직가치에 대한 인식이 없음 – 조직가치와 자신의 일과의 연계성이 약함 – 자신에게 주어지는 일 이외에는 관심이 없음	– 모든 핵심 조직가치를 이해하고 있으며 자신의 일과 관련해 요구되는 가치가 무엇인지 알고 있음 – 전체조직의 입장이 무엇인지를 알고 자신의 일하는 방식을 여기에 맞추려고 함
의사 결정 계층	– 조직가치에 관심이 없고 자신의 기능적인 일에 충실함 – 자신에게 주어지는 성과달성에만 초점을 맞춤	– 자신이 하는 일과 조직가치와의 연계성을 고려하면서 일을 추진함 – 조직가치에 우선하는 방향으로 일을 추진함

초월적 가치경영

제8장

초월적 가치의
내재화 과정

초월적 가치가
내재화되기까지

앞 장에서 초월적 가치경영이 조직 내부에 정착되기 위해서는 최고
경영자의 가치 표방 → 표방된 가치의 솔선과 가치 규범화 → 가치
내재화의 단계를 거침으로써 표방가치, 솔선가치, 규범가치, 공유가
치가 일체화를 이루어야 한다고 설명했다. 이러한 과정이 코스맥스
에서는 어떻게 일어났는지 살펴보자.

최고경영자의 가치 표방하기

코스맥스가 초월적 가치경영을 시작하게 된 계기는 최고경영자의
가치 표방에서 출발한다. 코스맥스는 어려운 시절을 경험한 적이
있었다. 이때 코스맥스의 최고경영자는 기업이 살아남기 위해서는

고객이 먼저 살아야 함을 절실히 깨달았다. 이때부터 초월적 가치를 표방하는 작업이 시작되었다. 이 가치들을 정리한 것이 코스맥스의 정신을 상징적으로 표현한 세 개의 사과다. 첫 번째 사과는 인간에게 선악을 가르쳐준 이브의 사과다. 두 번째 사과는 항상 연구하는 자세를 상징하는 뉴턴의 사과다. 세 번째 사과는 트로이 왕자 파리스가 미의 여신 아프로디테에게 바쳤다는 아름다움을 상징하는 사과다. 이들 세 개의 사과는 각기 '바름, 다름, 아름'이라는 상징어로 표현되었다.

바름은 이브의 사과와 연관되는 가치로 선을 행하는 것을 최선으로 삼는다는 의미다. 이때 선을 행하는 우선적 대상은 고객이다. 즉, 고객에게 '정직한 기업'으로 최고의 파트너가 되겠다는 의지가 담겨 있다. 다름은 뉴턴의 사과를 상징한다. 끊임없이 '연구하는 기업'이 되자는 의미다. 그래야 다른 기업과 차별화를 이룰 수 있고 고객이 필요로 하는 최고의 파트너가 될 수 있다는 생각을 담고 있다. 아름은 '세상을 아름답게 하는 기업'이 되자는 의미다. 사회에 아름다움과 건강을 제공해 사람들의 행복을 추구하고, 나눔의 정신으로 아름다운 세상을 실현하는 기업이 되자는 것이다. 이 세 가지 정신은 사실 어느 날 갑자기 만들어진 것은 아니다. 기업경영과 관련한 최고경영자의 생각들이 시간이 지나면서 응축된 것이다.

바름과 관련해 코스맥스의 최고경영자는 틈만 나면 직원들에게 "정직은 타인의 가치관, 능력 그리고 의견을 존중하고 책임을 다하며, 법·도덕기준·사내규율을 준수하는 성실성이 있을 때 빛날 수 있다."사내 동료끼리 존중하고, 고객을 존중하고, 협력회사를 존중하며, 규정과 업무를 성실히 수행할 때 참다운 가치가 실현된다"고 말하곤 했다. 이런 방식으로 그는 코스맥스를 움직이는 최상의 가치가 정직이라는 사실을 늘 강조했다.

다름도 유사하다. 다름을 통해 남들과의 차별성을 만들어내기 위해서는 미지의 영역에 과감히 도전해 고정관념에서 벗어나려는 노력이 있어야 한다고 그는 생각했다.

아름은 화장품 사업을 하는 코스맥스의 본업 정신과 관련이 있다. 다시 말해 화장품을 통해 세상을 아름답게 만들어가는 것 자체가 코스맥스의 사회적 기여라고 생각한다.

최고경영자가 표방하는 가치는 다양한 루트를 통해 지속적으로 전달되는 것이 중요하다. 코스맥스의 최고경영자는 세 개의 사과로 표방되는 가치들과 이를 보충해 설명하는 말이나 글들을 공식적 루트와 비공식적 루트를 통해 지속적으로 전달하였다.

공식적 루트를 통한 가치전달

공식적 루트란 전체 구성원들과 만나는 신년회와 7월 조회, 그리고 1년에 2회 정도 이루어지는 간담회 자리 등을 말한다. 그런 자리에서 최고경영자는 자신의 생각을 끊임없이 이야기하였다. 특히 신입사원들이 입사하면 반드시 이들과 만남의 자리를 마련해 회사의 첫 걸음부터 코스맥스가 어떤 가치로 움직이는 회사인지를 알려주려고 노력하였다. 다음에 소개되는 이야기는 어느 해 있었던 조회

사의 한 대목이다. 이날 '세 개의 사과 이야기'를 거론했다.[10]

사과 세 개 중 첫 번째는 정직한 기업이 되자는 것입니다. 서로 존중하는 신의와 성실의 자세로 고객과 사회와의 약속을 지키는 기업이 되자는 것입니다. … 저는 지난 5개월 동안 논어, 맹자, 중용, 대학, 명심보감, 손자병법을 공부할 기회가 있었습니다. 성현들의 말씀 중에 우리의 핵심가치에 도움이 되는 것만 추려서 소개할까 합니다. 먼저 존중에 대해서는 맹자께서 인仁을 얘기하시면서 말했던 존중과 배려를 뜻합니다. 이것을 응용하면 다음과 같이 말할 수 있습니다.

- 고객은 나의 큰 손님이다.
- 직원은 모두 나의 경배 대상이다.
- 내가 서고자 하면 남을 먼저 세워라.
- 내가 하기 싫은 일은 남에게 베풀지 마라.

성실에 대해서는 중용에서 성誠이라 하였고 이것을 실천하면 충성고객을 만들 수 있습니다. …
정직은 존중과 성실이 바탕이 되지 않으면 빛을 잃게 되고 존중과 성실이 같이 있으면 충성고객을 만들어준다는 것으로 이해했으면 좋겠습니다. …
사과 세 개 중 두 번째는 연구하는 기업을 말합니다. 자신의 업무에 집중해 최고 전문가에 도전하며, 창의적인 아이디어로 끊임없이 혁신하는 기업이 되자는 것입니다. 연구는 미지의 영역에 과감히 도전해 고정관념을 벗겨내는 새로운 아이디어를 창출하고 실행하는 창의혁신과 자기 분야에 몰입해 최고 전문가로서의 실력과 품위를 갖추게해주는 프로페셔널리즘이 있어야 한다고 봅니다.

프로페셔널리즘은 몰입할 때 드러납니다. 중용에서도 몰입을 강조했습니다. 몰입의 5개 항목은 '넓게 배워라, 깊게 물어라, 신중하게 생각하라, 명확하게 판단하라, 독하게 실천하라'입니다. 이 단계를 거치면 저절로 몰입되고 프로가 될 것입니다. 공자께서는 알고 있는 것은좋아하는 것보다 못하고 좋아하는 것은 즐기는 것보다 못하다고 하셨습니다. 우리는 우리의 일에 몰입해 일을 즐기면서 하게 되면, 우리도모르는 사이에 우리는 프로로서 업계 1인자가 될 것입니다.

사과 세 개 중 세 번째는 세상을 아름답게 하는 기업을 말합니다. 아름다움과 건강을 제공해, 개인의 행복을 추구하고 나눔의 정신으로아름다운 세상을 구현하는 기업이 되자는 것입니다. 아무리 아름다움을 추구하는 상품이라 할지라도, 환경을 고려하지 않으면 상품으로서의 가치가 없어집니다. 그리고 나눔 경영이 될 때 아름다움은 가치가더해질 것입니다. … 우리도 원료 하나를 쓰거나 부자재를 선정할 때자연을 생각해야 하고, 공장을 가동하면서 에너지 낭비 요소를 줄이는 작업을 지금부터라도 실천해야 합니다. 아름다움은 나눌 때 가치가 생깁니다. 우리가 만든 제품으로 전 세계 사람들에게 아름다움을나누어줍시다.

코스맥스의 최고경영자는 이런 말도 자주했다. "세일즈란 인간이 존재하는 한 없어지지 않는 영역이다. 어떻게 하면 세일즈를 잘할 수 있을까? 결국 상대방의 마음을 사는 것이다. 안 그러면 물건을 팔 수 없다. 한 번은 팔아도 두 번은 못 판다. 진정성이 있어야 한다. 다른 사람의 마음을 사는 비결이 뭔가. 상대방 입장에서 생각하는 것이다. 이런 진정성이 습관이 되고 체질화돼야 한다. 영업사원 중에 우리 제품을 비싸게 팔았다고 자랑하는 사람들이 있다. 그것은 잘못이다. 우리가 비싸게 팔면 고객은 경쟁력을 잃는다. 고객이 경쟁력을 잃게 해선 안 된다."

비공식적 루트를 통한 가치전달

비공식적 루트는 코스맥스에 있는 '카스'라는 열린 이야기 채널과 같은 곳을 활용하는 것이다. 이것은 전 직원들에게 개방된 대화방으로 마치 사내용 카톡 같은 것이다. 이것을 통해 코스맥스의 최고경영자는 자신의 생각을 올린다. 어느 날 카스에 올린 글이다.

Love Story
우리 고객을 사랑하고
우리 회사를 사랑하고
우리 일을 사랑하고
우리가 만든 제품을 사랑하고
우리 이웃을 사랑하고

우리 가족을 사랑하고

우리 동료를 사랑하고

우리 자신을 사랑하고

우리 모두 Love Stroy를 만듭시다.

표방가치 솔선하기

아무리 가치가 표방되었다고 하더라도 이것을 향한 경영층, 특히 최고경영자의 솔선하는 행동이 없다면 구성원들은 표방된 가치가 실제로는 지킬 필요가 없는 것이라고 판단하게 된다. 하지만 코스맥스에서는 달랐다. 철저히 표방된 가치에 대한 실천이 뒤따랐다. 솔선에는 두 가지 방식이 있다. 하나는 표방된 가치와 행동에 대한 일관성을 보여주는 것이고 다른 하나는 단호한 거절을 표시하는 것이다.

일관성 유지 말이나 글로써 표현된 가치를 지속적인 행동으로 보여주는 것을 말한다. 이른바 언행일치가 핵심이다. 이것을 통해 구성원들은 표방된 가치가 단순히 좋은 말들을 하기 위한 것이 아님을 인식하게 된다.

코스맥스에서의 최고경영자의 초월적 가치에 대한 행동의 일관성은 다양한 방식으로 나타나고 있다. 그는 고객사를 방문할 때 반드시 영업을 책임지는 임원과 동행한다. 두 가지 목적이 있다. 하나는 동행한 임원에게 자신이 고객을 만날 때 어떤 마음가짐과 자세로 임하는지, 또 어떻게 행동하는지 보여주기 위해서다. 제품개발과 생산을 책임지는 ODM 기업의 경우 자칫하면 고객보다 자신들이 더 우월하다고 생각할 수 있다. 화장품 처방에 대한 지식이 없는 고객사의 입장에서는 독특한 처방과 개발능력을 가진 ODM 회사에게 오히려 잘 보일 필요가 있기 때문이다. 그래서 코스맥스의 최고경영자는 영업 담당 임원을 대동하면서 자신이 얼마나 고객사를 먼저 생각하는지를 보여주려고 한다.

다른 하나는 고객이 말하는 제품의 개발과 영업방향이 무엇인지를 담당 임원이 분명히 인식하도록 하기 위해서다. 이렇게 하면 영업 담당 임원이 고객에 대한 분명한 방향성을 가지고 실무자들에게 업무를 지시할 수 있기 때문이다. 이런 과정을 통해 최고경영자가 말뿐이 아니라 자신이 말한 것을 지키고 있음을 보여준다.

단호한 거절 표방된 가치를 지킬 때 발생할 수 있는 애로사항 때문에 구성원들이 그것에 반하는 행동을 하려고 할 경우 강력한 거절의사를 표현하는 것을 말한다. 이를 통해 구성원들은 최고경영자의 강력한 의지를 경험하게 된다.

최고경영자가 자신이 한 말을 지키는 것은 어찌 보면 당연한 일이다. 하지만 실천하기 어려운 상황이 닥칠 때도 있다. 자신이 표방한 가치를 실천하기 위해서는 기업이 손해나 불이익을 당해야 하는 경우도 있기 때문이다. 이것을 인지 부조화라고 한다. 자신이 지향하는 가치와 실제로 행동해야 하는 것 사이에 차이가 있을 때 사람들이 느끼는 정신적 갈등을 말한다. 자신은 도둑질을 하면서 자식에게는 정직을 가르쳐야 하는 사람은 이러한 인지 부조화를 느끼게 된다.

초월적 가치경영을 추구하는 데 있어 가장 힘든 상황이 인지 부조화가 발생하는 경우다. 이때 구성원들은 최고경영자가 어떤 선택을 하는가를 주의 깊게 관찰한다. 그러다 현실의 벽에 부딪쳐 자신이 말한 가치에 반하는 행동을 하게 되면 구성원들은 최고경영자의 말을 헛된 것으로 인식하게 된다. 이때 필요한 것이 바로 단호한 거절이다. 현실적 애로사항은 있지만 정한 원칙대로 걸어간다는 것을 행동으로 보여주는 것이다.

이 방식은 구성원들이 최고경영자를 절대적으로 신뢰하게 되는 결정적인 계기로 작용한다. 기업에 손해나 부담이 될 것을 뻔히 알면서도 가치 있는 길을 걸어가는 최고경영자를 보면서 직원들은 최고경영자의 단호한 의지를 알게 될 뿐만 아니라 자신도 그러한 상황에서 동일한 행동을 해야 한다는 사실을 깨닫게 된다.

코스맥스에서 이런 일이 있었다. 로레알과의 협력관계를 맺는 초기 단계에 있었던 일이다. 로레알과의 인연은 2002년 홍콩 박람회로 거슬러 올라간다. 화장품 박람회에 참여한 코스맥스의 제품에 로레알이 관심을 보였다. 이후 이들은 한국 공장을 찾아 코스맥스의 생산 설비와 현황을 샅샅이 살폈다. 비포장도로에서 장시간 운송을 해도 포장에 문제가 발생하지는 않는지, 열대기후의 국가에서는 화장품이 변색되거나 변질되지 않는지 등을 모조리 조사했다. 그렇게 한참 뜸을 드린 후에 기껏 요구한 것이 로레알이 손님들에게 나누어주는 샘플용 아이섀도 5천 개를 제작해달라는 것이었다. 어쨌든 샘플을 성심껏 만들어 납품했다. 그러나 2년이 지나도 아무 소식이 없었다. 오로지 내부검사만 받는 시간이 흐르고 있었다.

이에 대해 코스맥스 내부에서 불만이 터져나왔다. 로레알의 처사가 너무 심하다는 것이다. 직원들은 최고경영자를 찾아갔다. "언제까지 로레알의 검사만 받고 있어야 하는 겁니까?" 이때 그는 이렇게 말했다. "다른 회사는 돈 주고 컨설팅도 받지 않습니까? 우리는 공짜수업을 받고 있어요." 이어 "로레알의 테스트를 통과하면 글로벌 회사로 발돋움할 수 있으니 끝까지 가봅시다"라며 직원들을 돌려보냈다. 이런 것을 단호한 거절이라고 한다.

로레알은 2년의 검사기간 동안 코스맥스에 대해 갖가지 사소한 일들까지 지적했다. 내부 직원들은 아무런 주문도 하지 않으면서 이것저것 간섭하는 로레알의 태도를 더 이상 참을 수 없었다. 하지만 코스맥스 최고경영자의 생각은 달랐다. '고객이 거래할 회사에 대해 만족하지 못하니까 계속 지적만 하는 것이 아닌가? 우리가 준비되지 않았는데 어떻게 거래를 틀 수 있단 말인가? 고객이 만족할 때까지 우리는 공부해야 한다. 그러니 나는 불만을 토로하는 직원

　　　　　　　　　　　　　　　　　초월적 가치경영

들을 돌려보낼 수밖에 없다. 고객의 눈에 드는 회사를 만들어놓아야 회사가 클 수 있다.' 그는 이런 생각으로 직원들의 불만과 요청을 단호하게 거부했다. 그러고도 한참이 지난 뒤 드디어 코스맥스는 로레알과 공급 계약을 맺을 수 있었다.

앞에서도 언급했듯이 1997년 한국이 IMF 시대를 경험하면서 화장품 업계는 심한 고통의 시간을 겪어야 했다. 이때 코스맥스의 최고경영자는 공급가격 동결, 생산수량에 상관없이 생산할 것, 손해를 봐도 고객이 원하는 시기에 원하는 만큼 공급할 것이라는 파격적 주문을 했다. 모든 임직원들이 회사가 망한다고 반대를 했다. 하지만 그는 단호하게 임직원들의 의견을 거부했다. 고객이 살아야 회사가 산다는 원칙을 그는 지켰다. 이러한 태도는 직원들의 생각과 태도를 바꾸는 데 결정적인 영향을 미쳤다. 직원들이 단호한 거절을 경험하게 되면 이들의 머릿속에는 '인지적 재정의'라는 현상이 일어난다. 인지적 재정의란 표면적으로 회사에 도움이 되는 일이라고 해도 더 중요한 가치를 침범할 경우 용납되지 않는다는 상위가치 중심의 사고가 만들어지는 것을 말한다.

규범가치 설정하기

최고경영자의 가치 표방과 솔선수범만으로 조직가치가 내재화되지는 않는다. 조직 내부에서 표방된 가치를 반드시 지켜야 한다는 규범을 설정하는 것이 필요하다. 코스맥스에는 모든 직원들이 반드시 지켜야 하는 9가지 규범이 있다. 이 규범들은 상위의 조직가치인 바름, 다름, 아름을 구성원들의 행동수준에서 풀어놓은 것이라고 할 수 있다. 9가지 규범이란 다음과 같다.

1. 명품을 만든다.
2. 최고 전문가가 된다.
3. 공부하고 실천한다.
4. 모든 문제는 내 문제다.
5. '존중'과 '성실'이 기본이다.
6. '행복'을 생산한다.
7. 생명을 사랑한다.
8. "안 됩니다" "모릅니다"를 버린다.
9. 복장은 단정히, 표정은 밝게, 인사는 반갑게.

9가지 규범들을 보다 자세히 살펴보면 다음과 같다.

행동규범1 명품을 만든다	
바람직한 행동	바람직하지 못한 행동
– 자신이 만드는 제품이 명품이 되어야 한다는 마음으로 업무에 임한다. – 고객만족을 넘어 고객감동이 일어날 수 있도록 매사 정성을 다한다.	– 지시받은 대로만 제품을 만들면 된다고 생각한다. – 한번 만족한 고객은 계속 만족할 거라 믿는다.

행동규범2 최고 전문가가 된다

바람직한 행동	바람직하지 못한 행동
- 자신의 업무에서 최고 전문가가 되겠다는 마음가짐으로 업무에 임한다. - 작은 일과 숨겨진 디테일도 빠뜨리지 않고 확인한다.	- 자신의 한계를 정해두고 현재 수준에 만족한다. - 보이는 부분만 대충 확인하고, 서둘러 일을 마무리한다.

행동규범3 공부하고 실천한다

바람직한 행동	바람직하지 못한 행동
- 매사에 호기심을 갖고 배우려는 자세를 가진다. - 실천 가능한 계획을 세우고, 끝까지 실천한다.	- 배움을 게을리하고, 자신의 경험만 옳다고 주장한다. - 계획만 그럴싸하게 세우고 정작 실천은 하지 않는다.

행동규범4 모든 문제는 내 문제다

바람직한 행동	바람직하지 못한 행동
- 문제가 생기면 책임 소재를 떠나 자신이 할 수 있는 바를 찾는다. - 핵심원인을 찾아서 근본적으로 문제를 해결한다. - 문제가 완전히 해결되기 전까지는 결코 중간에 포기하지 않는다.	- 문제가 생기면 변명거리를 찾거나 책임을 타인에게 돌린다. - 근본적 해결 없이 현재 상황만 대충 수습한다. - 한두 번 해보고 안 되면 중도에 포기한 채 문제를 대충 덮어버린다.

행동규범5 '존중'과 '성실'이 기본이다

바람직한 행동	바람직하지 못한 행동
- 고객의 의견은 아무리 사소한 것이라도 존중하고 동료의 의견을 늘 경청한다. - 항상 성실한 태도로 자신에게 주어진 임무는 최선을 다한다. - 고객과의 약속은 어떤 일이 있어도 끝까지 지키려고 노력한다.	- 상대방의 의견을 형식적으로 듣고, 임의대로 판단한다. - 자신에게 주어진 업무는 문제가 되지 않는 선에서 적당히 수행한다. - 고객과 지키지도 못할 약속을 하거나 제대로 이행하지 않는다.

행동규범6 '행복'을 생산한다

바람직한 행동	바람직하지 못한 행동
– 고객에게 행복을 제공하면서 스스로도 행복해 한다. – 최고의 아름다움과 건강을 선사하기 위해 자신이 할 수 있는 일이 무엇인지 고민하고 실천한다.	– 불행하다는 생각으로 업무에 임한다. – 고객에게 아름다움과 건강을 제공하기 보다 자신의 이익을 먼저 생각한다.

행동규범7 생명을 사랑한다

바람직한 행동	바람직하지 못한 행동
– 우리가 하는 일은 생명을 살리고 생명을 아름답게 하는 일이라고 여긴다. – 작은 부분에서도 환경을 고려하고, 환경보호에 앞장선다. – 사회적 책임을 인식하고 나눔 활동에 적극 참여한다.	– 이익을 위해서라면 자연과 환경을 무시해도 된다고 생각한다. – 환경보호는 전문가가 할 일이지 자신의 일은 아니라고 생각한다. – 자신만 생각하고 어려운 사람들을 외면한다.

행동규범8 "안 됩니다" "모릅니다"를 버린다

바람직한 행동	바람직하지 못한 행동
– 항상 긍정적으로 생각하고 적극적으로 행동한다. – 모든 일에 주인의식을 갖고, 문제가 생기면 먼저 나서서 해결한다.	– 업무처리시 부정적으로 생각하고 수동적으로 행동한다. – 어려운 일을 만나면 해낼 수 있는 방법을 찾기보다 하지 말아야 할 핑계를 찾기에 급급하다.

행동규범9 복장은 단정히, 표정은 밝게, 인사는 반갑게

바람직한 행동	바람직하지 못한 행동
– 평소 단정한 복장과 예의 바른 언행으로 회사의 명예와 신뢰를 높인다. – 항상 웃는 얼굴과 밝은 표정으로 먼저 반갑게 인사한다.	– 상대를 의식하지 않고 자신의 취향만 고집하며, 평소 튀거나 단정하지 못한 복장을 즐겨 입는다. – 자신의 기분에 따라 상대를 대하는 태도를 달리한다.

초월적 가치경영

위의 9가지 행동규범은 평소 코스맥스의 최고경영자가 표방한 가치들을 정리하고 압축한 것들이다. 코스맥스의 이 회장은 평소 다음과 같은 이야기들을 자주 했다.

1. 내가 만드는 제품은 명품이어야 하고 타인이 쓰면서 행복했으면 좋겠다는 생각을 갖자. 자신이 만드는 제품이 세계 최고의 명품이 되고, 우리의 제품을 사용하는 고객과 소비자가 감동을 느낄 수 있는 명품을 만든다는 생각으로 업무에 임해야 한다.

2. 작은 부분, 보이지 않는 부분에도 엄격한 최고 전문가에 도전하자. 명품을 만들기 위해서는 모두가 자기 분야에서 최고 전문가가 되어야 한다. 명품을 만드는 전문가는 디테일한 부분까지 신경을 쓴다. 그러려면 작은 일, 보이지 않는 곳까지 엄격하게 확인하는 자세를 가져야 한다.

3. 넓게 배우고, 깊게 묻고, 신중하게 생각하고, 명확하게 판단하고, 독실하게 실천하자. 최고 전문가가 되기 위해서는 항상 공부하고 배운 바를 실천에 옮겨야 한다. 이를 위해서는 현재 수준에 머무르지 않고 끊임없이 묻고 배우며, 바르게 실천하는 태도를 가져야 한다.

4. 끊임없는 개혁의지로 문제를 찾아내어 내 일이라는 책임감을 갖고 개선점을 고민해보자. 모든 문제가 내 문제이며 자신의 책임으

로 인식하는 주인의식으로 업무에 임해야 한다. 현장에서 문제점을 발견되면 이를 자신의 문제로 인식하고, 임시조치가 아닌 근본적인 해결책을 찾을 때까지 결코 포기하지 않는 자세를 가져야 한다.

5. 상호존중과 성실한 자세로 고객 및 사회와의 약속을 반드시 지킨다. 진정성 있는 자세로 고객을 대하려고 노력한다. 한번 맺은 것일지라도 고객 및 사회와의 약속은 반드시 지키며 이러한 자세는 천년 나무처럼 변함이 없어야 한다.

6. 고객에게 아름다움과 건강을 제공해 고객의 행복에 기여하자. 최고의 가치는 궁극적으로 '행복'을 생산하는 데 있다. 고객과 소비자에게 더 높은 가치인 '최고의 아름다움'과 '해 같은 건강'을 제공함으로써 행복한 삶에 기여할 수 있어야 한다.

7. 환경을 소중히 여기고 나눔의 정신으로 인류와 세상을 사랑하자. 더 나아가 우리는 생명을 내 몸처럼 아끼고 사랑해야 한다. 이를 위해 환경을 소중히 여기고 나눔을 실천함으로써 자연사랑, 사람사랑에 앞장서야 한다.

8. 현실적인 어려움이나 장벽이 존재하더라도 "안 됩니다" "모릅니다" "아닙니다"와 같은 부정적인 생각과 말을 버려야 한다. 항상

긍정적인 마음가짐으로 "하겠습니다" "알겠습니다" "그렇습니다"
와 같은 말을 사용하며 적극적으로 행동하는 습관을 길러야 한다.

9. 단정한 복장, 밝은 표정, 반가운 인사를 꼭 실천하자. '신뢰'와 '사
랑'은 기본적으로 외형, 표정, 태도에서부터 발현되어야 한다. 평
소 단정한 복장으로 밝은 표정을 지으며 누구를 만나더라도 먼저
반갑게 인사함으로써 언제 어디서나 밝고 명랑한 태도로 업무에
임해야 한다.

이상의 가치들은 구호화되어 일과 시작 전 직원들이 반복적으로
외친다. 이렇게 함으로써 가치 규범들이 단순한 슬로건이 아닌 생
활 속에서 실천되어야 함을 강조하고 있다.

조직가치 내재화하기

조직가치가 내재화되기 위해서는 두 가지 조건이 필요하다. 하나는
표방가치·솔선가치·규범가치의 일관성을 유지시키는 것이고, 다
른 하나는 기업이 이 가치들을 제도화하기 노력하는 것이다. 전자
는 이미 충분히 소개했으므로 여기서는 코스맥스의 제도화 노력에
대해 이야기하고자 한다.
코스맥스 연구소에서는 반드시 지켜야 할 업무방식이 있다. 앞에

서도 얘기했지만, 고객의 주문에 응대할 때는 고객이 요구하는 것보다 더 많이 준비해두어야 한다는 암묵적 규칙이다. 파운데이션을 개발할 경우 고객이 요구하는 색상에 따라 기본 색을 2~4개를 구비하고 있지만 필요에 따라서는 고객이 요구하는 색상보다 더 많은 색을 미리 준비해서 보여주는 것이다. 특히 해외 고객을 응대할 때는 최소 5개에서 많게는 20개까지 컬러를 세분화해 제시한다. 전세계인을 상대하는 만큼 흑인, 백인, 아시아인, 히스패닉계 등 인종에 따라 피부색과 특성이 다르고 같은 인종이라고 해도 요구하는 색상이 훨씬 다양하기 때문이다.

이런 경우 고객사가 요구하는 색상은 물론이고 시장조사로 확보된 자료를 통해 고객사가 미처 생각하지 못한 색상까지도 제시한다. 이런 제도들은 고객사에 대한 초월적 가치가 기업에서 실제적으로 어떻게 실행되는가를 구성원들에게 보여준다. 표방가치, 솔선가치, 규범가치는 물론이고, 일하는 방식과 제도에 이르기까지 일관된 모습을 보임으로써 구성원들의 마음속에 조직이 추구하는 가치가 내재화될 수 있는 것이다.

코스맥스는 신제품을 개발할 때 다른 곳과 다른 유별난 제도를 가지고 있다. 화장품 생산과정 중 혹한이나 혹염 상황에서의 실험을 반드시 실시하도록 제도화한 것이다. 그리고 제품을 용기에 담기 전에 최소 3일 동안 미생물 검사를 해야 하며 최종 완제품을 출하했더라도 최소 2~3년은 창고에 보관해두도록 한다. 그래야 향후 소비자들의 클레임이 있을 때에도 이 문제가 고객사에서 발단된 것인지, 코스맥스의 개발과 제조과정에서 일어난 것인지, 보관 과정에 문제가 있는지 원인을 파악할 수 있기 때문이다. 이것을 코스맥스에서는 '생애 품질 관리 시스템'이라고 부른다.[11]

직원들을 향한 초월적 가치는 어떻게 제도화되어 있을까? 다양한 방식이 있지만 코스맥스에서는 팀장이나 임원들의 혹사를 막기 위해 '장기휴가제도'라는 장치를 마련해두고 있다. 목적은 부서장들의 혹사를 방지하기 위한 것이다. 운영방식은 팀장과 임원을 대상으로 강제로 장기간 휴가를 가지게 하고 장려금을 지급하는 것이다. 예를 들어 팀장의 경우는 법정휴가일수 내에서 무조건 연속으로 5~9일 또는 연속 10일을 사용해야 한다. 5~9일일 경우에는 휴가 장려금으로 30만 원을 지급하고 10일일 경우에는 60만 원을 지급한다. 남는 휴가 일수는 또 사용할 수 있다.

표 8-1 장기휴가제도

구 분	법정휴가일수	주 요 내 용		휴가장려금	사용 횟수 (1년)	비 고
팀 장	15-25일	①	연속 5-9일	300,000원	2회	잔여휴가는 기존처럼 사용
		②	연속 10일	600,000원	1회	
임 원	없음	①	연속 5-9일	300,000원	2회	
		②	연속 10일	600,000원	1회	

요약하면 코스맥스에서는 표방된 가치를 솔선해서 행동에 옮기고 이를 규범화하는 것에 그치지 않고 표방된 가치를 반영하는 제

도를 둠으로써 모든 직원들이 '우리 회사에서는 당연히 이렇게 해야 한다'는 인식을 갖도록 하고 있다. 여기에 더해 이 가치들을 행동으로 옮기도록 하는 제도적 장치도 두고 있다. 이것이 코스맥스에 초월적 가치들이 내재화된 이유다.

제9장

해외 비즈니스에서
5가지 벽 넘기

해외 비즈니스의
5가지 벽

코스맥스가 중국 시장에 진출한 것은 2000년대 초반이었다. 중국에서 코스맥스의 위상은 상당히 높다. 중국의 화장품 기업으로서 1위와 2위에 해당하는 '바이췌링百雀羚'과 '츠란탕自然堂'이 모두 코스맥스의 핵심고객이다. 코스맥스의 주요고객은 중국 시장에서 활약하는 한국의 화장품 기업들도 있지만 90% 이상이 중국의 현지 화장품 업체다.

코스맥스가 중국 화장품 시장에서 성공을 거두게 된 데에는 여러 이유가 있지만, 성공요인을 한마디로 요약하면 '해외 비즈니스에서 발생하는 5가지의 벽을 슬기롭게 헤쳐나간 것'이라 할 수 있다. 〈그림 9-1〉이 5가지의 벽을 보여준다. 이 벽들은 해외 비즈니스에서는 반드시 넘어야 하는 것들로 본사의 벽, 정부의 벽, 언어의 벽, 고객의 벽, 종업원의 벽이다. 이 벽들을 뛰어넘는 데 초월적 가치경영이

그림 9-1　해외 비즈니스의 5가지 벽

모두 필요한 것은 아니지만 적어도 고객의 벽, 종업원의 벽 그리고 정부의 벽을 극복하는 데에는 엄청난 영향력을 발휘하게 된다.

본사의 벽

본사의 벽은 현지 사정에 어두운 본사의 이해 부족으로 인해 생기는 벽을 말한다. 해외 비즈니스의 애로사항 중 하나는 현지 사정과 국내 사정이 판이하게 다르다는 점이다. 사람들의 생각뿐만 아니라 법제도, 기후, 종업원들의 일하는 방식 등 모든 것이 다르다. 하지만 이것을 국내 본사가 이해하는 데에는 한계가 있다. 한국식으로 중국을 생각하고 한국의 소비자처럼 중국의 소비자를 이해하고 한국의 행정절차처럼 중국의 행정절차를 이해하려고 하기 때문이다. 그래서 해외 사업부 사람들은 비즈니스 최대의 적을 본사로 여긴다.

우선 본사는 해외 사업부가 성과를 빨리 내길 바란다. 그리고 기본적으로 해외 비즈니스 사업부를 의심의 눈초리로 보는 경향이 있다. 본사 입장에서는 성과는 거의 없으면서 요구하는 것만 많은 해외 사업부에 대해 냉정한 마음을 잃기 쉽다. 그래서 간섭이 많아지고 급기야 해외 사업부의 책임자를 반복해서 경질하는 일들이 발생한다.

코스맥스에서도 유사한 일이 일어났다. 중국 비즈니스에 대한 비관론이 떠오른 것이었다. 이때 최고경영자의 의지가 매우 중요하다. 코스맥스가 유사한 내홍을 겪고 있을 때 해외 비즈니스에 대한 외풍을 막아준 사람이 바로 최고경영자인 이 회장이었다. 그는 해외 사업부의 책임자를 무한히 신뢰했다. 어떤 부정적인 소문이 들려도 그는 30년간 자신이 알고 있던 현지 법인장에 대한 신뢰를 접지 않았다. 책임자를 뽑을 때부터 심사숙고한 만큼 그가 일을 할 수 있도록 도와주는 것이 중요하다고 생각했다.

그럼에도 중국 법인장에 대한 본사의 불신은 극에 달했다. 본사 말은 안 듣고 독불장군처럼 행동한다는 것이었다. 그리고 매출 등 기업의 성과가 낮다는 것도 불만이었다. 이런 불신을 그냥 두었다가는 문제가 커질 것으로 판단한 최고경영자는 특단의 조치를 내렸다. 중국 법인 책임자를 상무에서 전무로 승진시켜버린 것이다. 그런 조치에는 두 가지 메시지가 담겨 있었다. "나는 이 사람을 신뢰

한다." "중국 비즈니스에 대한 나의 의지는 확고하다." 이런 메시지가 전달되자 본사에서는 중국 비즈니스에 대한 간섭이 사라지고 지원방식으로 전환되기 시작했다.

또한 코스맥스의 최고경영자는 중국 법인을 방문할 때도 매출은 얼마인지, 생산성은 어떠한지와 같은 지표들에 대해 한 마디도 언급하지 않았다. 장부도 보지 않았다. 그저 "무엇을 도와주어야 하는가?"라고 물어볼 뿐이었다. 방문도 가급적 자제했다. 3~5개월에 한 번 정도로 드문드문 방문했다. 너무 자주 방문하면 일에 지장을 받을까 염려해서다. 이런 배려가 중국 사업에 자율성을 주었다. 중국 법인은 본사의 세밀한 간섭이 없으니 중국 시장에 적합한 비즈니스를 수행할 수 있는 힘을 얻게 되었다. 이로써 코스맥스 중국 법인인 코스맥스 차이나는 본사의 벽을 넘을 수 있었다.

정부의 벽

정부의 벽을 넘는 것도 힘든 일이다. 현지 중앙정부도 문제지만 지방정부의 벽을 넘기가 더 힘들다. 지방정부가 온갖 규제와 관련된 인허가권을 가지고 있기 때문이다. 이런 정부의 벽을 넘지 못하면 아예 사업이 무산되거나 시간만 끌다 사업을 망치는 경우도 허다하다. 빠른 시일 내에 정부의 벽을 돌파할 방법을 찾아야 한다. 코스맥스에도 중국 지방정부의 벽을 넘는 것이 매우 중요했다.

최선의 해결방법은 규제가 많은 일은 뒤로 미루고 규제가 없는 일부터 시작하는 것이다. 이런 판단이 서자 코스맥스는 일단 영업허가를 얻는 것을 목표로 했다. 많은 한국 기업들은 중국 진출을 시도하면서 자체 공장설립에 목을 매는 경우가 많다. 공장운영의 불확실성을 줄이기 위해서다. 하지만 이 과정은 매우 멀고 험난하다. 가장 어려운 것은 중국 지방정부의 행정절차다. 온갖 부처에서 공장설립의 하나하나를 간섭하고 애를 먹이는 경우가 많다. 특히 상하이는 심했다. 글로벌 기업들이 모두 모여드는 곳인 만큼 코스맥스 같은 기업 하나 없다고 문제될 것이 없었다. 그럼에도 굳이 상하이에 공장을 설립해 비즈니스를 하기로 마음먹었다면 아마도 코스맥스는 제풀에 지쳐 아무 것도 하지 못했을지 모른다.

코스맥스는 일단 영업허가를 먼저 얻는 것을 목표로 상하이에 설립된 기존 중국 화장품 업체를 빌려 쓰는 임대전략을 구사했다. 그리고 이 공장을 연구개발 전문회사답게 개조하였다. 공장이 빠르게 들어서자 중국 고객들의 관심이 크게 증가하였다. 중국 직원들을 뽑아 교육할 수 있는 형편도 마련되었다. 결과적으로 시간을 단축해 상하이에서도 빠르게 영업조직, 연구소, 생산시설을 동시에 가동시킬 수 있었다. 이것을 토대로 한국 화장품의 품질을 그대로 유지하기 위해 원료는 모두 한국에서 가져온다는 입소문을 퍼뜨렸고, 한국과 동일한 품질로 제품을 생산하는 영업전략을 펼쳤다. 동시에 상하이에서 적절한 자체 공장부지도 물색했다. 덕분에 코스맥스는 공장설립이라는 시일이 오래 걸리는 과정은 피하고 빠른 시간 내에 중국 시장에 적응할 수 있는 시간을 벌 수 있게 되었다.

정부의 벽을 넘기 위해 필요한 것 중 하나가 바로 꽌시關係, 관계다. 한국에서는 꽌시에 주로 부정적인 이미지가 형성되어 있다. 상대를 이용할 목적으로 접대를 하면서 상대의 환심을 사는 정도로 이해하기 때문이다. 하지만 중국에서 꽌시의 범위는 이보다 훨씬 넓고 비즈니스적 의미도 강하다.

코스맥스는 꽌시의 의미를 상대방의 체면을 세워주고 소위 '따거(형님)'로 극진히 대우해주는 것으로 이해한다. 어떤 일이 터지기 전에 상대방에게 해결책을 정중하게 묻는 것을 중국인들은 매우 좋아한다. "공장을 짓기 위해 시정부로부터 환경오염과 관련한 허가를 받으려고 노력하고 있지만 일이 잘 진행되지 못하고 있습니다. 형님이라면 어떻게 하시겠습니까"라는 방식으로 조언을 구하는 것을 매우 감사하게 생각한다. 자신을 능력 있는 사람 또는 전문가로 인정한다고 생각하기 때문이다. 이렇게 하면 중국인들은 자신이 수소문할 수 있는 다방면의 사람들에게 연락을 취해 문제를 해결해주려고 노력한다. 이런 정도로 가까워지는 과정이 바로 꽌시다. 가장 기본이 인간적인 친분이고 이것을 바탕으로 한 신뢰다.

처음 만난 사람에게 고민을 털어놓고 문제해결을 요청하면 문제가 더 꼬일 수 있다. 뇌물이 오가야 하고 이 과정에서 반드시 더 복잡한 문제가 생기기 때문이다. 그래서 중국에서의 인간관계는 장기적인 안목에서 접근해야 한다. 코스맥스는 중국 비즈니스의 중요 요소 중 하나를 꽌시에 두었고 이것을 구축하기 위한 노력도 기

초월적 가치경영

울였다. 중국 지방정부의 관리들과는 형님 동생 수준의 인간관계를 맺었다. 고액의 뇌물이 아닌 인간적인 정이 담긴 선물을 주었다. 한국의 K-Pop과 관련한 음반이나 코스맥스에서 개발한 신제품 등의 사소한 선물을 주어 그 가족들이 사용할 수 있도록 배려했다. 그리고 기회만 있으면 자주 만났다.

언어의 벽

언어의 벽 역시 만만치 않다. 이것을 극복하는 좋은 방법은 능력 있는 통역자를 선발하고 육성하는 것이다. 해외 비즈니스를 할 경우 언어 문제는 크게 발목을 잡는다. 그럼에도 해외 비즈니스를 할 때 통역의 문제를 간과하는 기업들이 많다. 좋은 통역자는 비즈니스 성공의 핵심 요인 중 하나다. 이유는 통역의 오류 때문이다. 비즈니스상의 통역은 두 나라의 말을 완벽하게 이해했다고 해서 되는 일이 아니다. 상대방의 전략적 의도와 자사의 전략적 방향을 동시에 이해할 수준이 되어야 한다. 그리고 신뢰할 만한 통역을 해주어야 한다.

일반 통역의 특징은 듣기 거북한 말들을 제대로 통역해주지 않는 것이다. 상대는 감정이 섞인 말을 했는데 기분 나빠할까 봐 순화해서 친절하게 전달하면 상대의 감정을 놓쳐 의사결정이 잘못될 수 있다. 코스맥스의 중국 법인에서도 초기 비즈니스를 하면서 통역의 오류로 많은 고통을 경험했다. 계약상에 매우 중요한 말들이 제대로 전달되지 않아 두 계약자가 서로 다르게 이해하는 경우도 다반사로 일어났다.

이런 일들을 경험하면서 통역이 비즈니스에서 매우 중요함을 알게 된 코스맥스는 통역전문가를 육성하기로 했다. 우선 한국어가 가능한 중국인이나 조선족 출신자를 선발했다. 그리고 인턴기간 동안 이들의 능력을 지켜본 다음 최종 합격자를 선발해 실무 경험에 2~3년 투입시켰다. 회사가 어떤 방향으로 흘러가고 있는지 파악하도록 하기 위해서였다. 그리고 그들을 한국에 파견해 본사의 분위기를 알 수 있도록 해주었다. 이렇게 길러진 통역자들이 코스맥스 중국 법인에는 많다.

코스맥스는 육성된 통역자를 각 부서에 한 명씩 배치했다. 부서마다 사용하는 전문용어가 달라 여기에 익숙해지도록 하기 위해서다. 더 나아가 직원들 중 역량 있는 사람들을 뽑아 한국어 교육을 강화했다. 생산라인에서는 조·반장급 중 실력 있는 사람을 뽑아 한국어를 집중 교육시켰다. 최고경영자의 중국 법인 방문시에나 중국 법인장이 새로운 주문을 할 경우 이 내용을 생산직 근로자들에게 제대로 전달하려면 주문사항을 정확하게 이해하는 사람이 필요하기 때문이다.

고객의 벽과 종업원의 벽

위의 세 가지 벽을 넘었다고 해외 비즈니스가 성공하는 것은 아니다. 더 뛰어넘기 어려운 벽이 바로 고객이다. 아무리 화장품 기술이 중국보다 앞서 있다고 해도 중국 고객들에게 한국의 기업은 생소하기 마련이다. 호기심은 있지만 한국 기업이 자신들을 어떻게 대할지 그리고 이 기업에서 무엇을 얻을 수 있을지 현지 고객들이 불확실성을 느끼는 것은 당연하다. 이러한 불확실성을 하나하나 제거하지 못하면 해외 비즈니스는 성공할 수 없다.

코스맥스 역시 고객의 벽을 반드시 넘어야 했다. 이것을 극복하는 첫 단계로 코스맥스가 선택한 것은 진출지의 입지 선정이었다. 코스맥스는 한국의 어떤 화장품 회사보다도 빨리 중국에 진출했다. 그만큼 비즈니스의 위험도 높았다. 이때 가장 큰 고민은 어디에 핵심 거점을 마련할 것인가였다. 저렴한 인건비를 활용하는 것이 목적이었다면 내륙이 적정했을 것이다. 하지만 코스맥스는 중국 내수 시장으로의 진출을 전략적 목적으로 삼고 있었다. 1년여의 관찰을 통해 상하이가 매우 중요한 곳이라는 것을 알게 되었다. 상하이는 인건비나 임대료 그리고 땅값이 매우 비싼 곳이다. 하지만 중국인들은 상하이에서 나오는 화장품을 신뢰하고 있었다. 상하이산 화장품은 비싸도 값어치가 있다고 믿었다. 그리고 상하이는 중국인들이 선망하는 도시이기도 했다. 상하이로 진출한다는 것은 중국에서 고급 이미지를 얻는 지름길이었다. 이곳에 둥지를 틀면 적어도 코스맥스가 그저 그런 회사가 아니라는 이미지를 심어줄 수 있었다.

고객의 벽을 넘을 수 있는 또 한 가지 중요한 요소는 고객사가 코스맥스를 믿고 파트너로 인정해주는 것이다. 이때 고객사를 향한 초월적 가치경영 전략이 중요해진다. 이에 대해서는 다음 장에서 보다 자세히 설명하고자 한다.

고객의 벽과 더불어 정말 중요한 벽이 하나 더 기다리고 있다. 종업원의 벽을 넘는 일이다. 해외 비즈니스의 성공 여부는 고객의 벽과 종업원의 벽을 넘어서는 것에 달려 있다. 아무리 고객의 벽을 넘어섰다고 해도 해외 비즈니스에서 성공하기 위해서는 최종적으로 종업원들과의 관계가 좋아야 한다. 이것을 해결하는 방법 역시 종업원 또는 구성원들을 향한 초월적 가치경영이다. 하지만 한국에서 하던 방식 그대로 반복하는 것은 무의미하다. 한국과 해외 현지 사이에는 다양한 차이가 존재하기 때문이다. 이런 차이를 인식하지 못한 채 현지 근로자들을 무조건 잘 대해주기만 한다고 해서 효과가 나타나는 것은 아니다. 다음 장에서 이에 대해 자세히 설명할 예정이다.

제10장

중국 시장에서 고객을 향한 초월적 가치경영

중국 고객을 향한
초월적 가치경영의 핵심원리

해외의 내수시장에 비즈니스의 초점을 두는 경우 고객과 종업원들에 대한 초월적 가치경영은 필수다. 코스맥스도 이점에 매우 유의했다. 다행히도 코스맥스는 한국 비즈니스에서 초월적 가치경영의 의미와 위력을 정확히 이해하고 있었다. 중국 비즈니스에서 고객의 벽을 넘기 위한 전략을 수립할 때도 초월적 가치경영 전략을 구사했다. 다만 중국은 한국과 경영환경이 달랐다. 따라서 초월적 가치경영의 핵심가치는 지키되 이것을 전개하기 위한 실행 원리는 현지 사정에 맞게 설정했다. 이를 요약하면 다음 세 가지다.

첫째, 멀리 보고 뛰기.
둘째, 기본에 충실하기.
셋째, 고객과 함께 가기.

멀리 보고 뛰기

'멀리 보고 뛰기'는 해외 비즈니스를 할 때 결코 조바심을 내지 않는 원칙을 말한다. 일부러 천천히 갈 필요는 없지만 서두르다 고객과의 관계를 잘못 정립하는 일은 없어야 한다는 것이다. 단기적으로 이득을 취하는 것이 나쁜 것은 아니지만 이것으로 인해 장기적으로 해가 되는 비즈니스는 하지 않겠다는 의지가 담겼다. 해외 비즈니스는 서두른다고 되는 일이 아니다. 특히 현지 정부의 눈 밖에 날 수 있는 일을 섣불리 시도하다가는 현지 정부의 제재로 한순간에 비즈니스 자체가 어려워질 수 있다. 이것을 코스맥스 차이나는 철저히 경계했다.

중국에 진출한 한국 기업들에게는 단기적으로 이득을 챙길 수 있는 유혹이 많다. 한방에 대박을 낼 수 있을 것 같은 기회들이 다가오기 때문이다. 화장품 업계에서 특히 그런 일이 심하다. 중국 화장품 시장에는 독특한 유통망인 '도매시장'이 있다. 광저우 지역에 특히 잘 발달돼 있는데 한국 남대문시장의 몇 배에 이르는 거대한 시장이 모두 화장품 가게로 채워져 있다. 이곳에서는 세상에서 듣도 보도 못한 제품들이 유통된다. 멀쩡한 화장품처럼 보이지만 실상은 화장품이라고 할 수 없는 것들도 많고 전 세계 유명 제품의 짝퉁들도 거리낌 없이 팔리고 있다. 이런 곳에서는 브랜드관리니 제품관리니 하는 말들은 통용되지 않는다. 그저 화장품 비슷한 것이면 무엇이라도 거래가 되는 곳이다.

초월적 가치경영

코스맥스 차이나가 쉽게 돈을 벌려고 했다면 이곳에서 활동하는 업자들과 거래하면 되었을 것이다. 주문 물량은 얼마든지 확보되어 공장 가동률을 100%로 유지할 수 있었기 때문이다. 단일 주문량이 100만 개가 넘는 것들도 여기저기에 널려 있었고, 품질도 대충 흉내만 내면 되었다. 코스맥스 차이나는 이런 유혹을 뿌리쳤다. 비즈니스를 오늘만 하고 내일은 접을 것이 아니기 때문이었다. 그리고 궁극적으로 이런 방식은 고객에게도 옳지 않다고 판단했다.

기본에 충실하기

이것은 철저히 비즈니스의 원칙에 따르는 것을 말한다. 코스맥스의 본업은 B2B다. 최종 소비자가 아닌 기업을 고객으로 하는 업을 하고 있다. B2B업에 있어서 가장 중요한 것은 Q^2CDA다. Q^2이란 품질quality과 양quantity을 말한다. B2B 비즈니스에서 중요한 것은 기본적으로 품질이다. 여기에 요구하는 양을 생산할 수 있는 생산능력이 구축되어야 한다. 그리고 비용cost, 정시배송delivery 그리고 민첩한 대응agility이 중요하다. 기업은 그중 어디에 먼저 치중할 것인지를 결정해야 한다. 산업의 종류나 경영환경에 따라 중요도는 다를 수 있다.

코스맥스 차이나는 품질을 최우선으로 하는 전략을 택했다. 생산능력은 현지 자체 공장이 완성되면 해결할 수 있는 일이었고 비용도 대량생산 시스템이 안정되면서 달성할 수 있을 것으로 보았다. 정시배송과 민첩성은 비즈니스가 어느 정도 궤도에 오르면 박차를 가하기로 했다. 품질을 우선적으로 생각한 이유는 코스맥스라는 기업을 긍정적으로 알리기 위해서였다. 그저 그런 회사가 아닌 품질 면에서는 가장 깐깐한 회사라는 이미지가 만들어져야 중국 화장품 시장에서 차별화를 구축할 수 있으리라 판단했다.

품질에 얼마나 집착했는지는 코스맥스 차이나가 처음으로 수주한 일을 보면 알 수 있다. 본사에서 중국 현지기업에 수출한 대형 통 안에 들어 있는 벌크제품(낱개로 포장되기 전 대용량 통으로 유통되는 제품)을 용기에 넣는 충진 작업이었다. 충진은 화장품 업계에서는 가장 단순한 작업으로 ODM을 표방하는 코스맥스와는 전혀 어울리지 않았다.

하지만 코스맥스 차이나가 이 거래를 받아들인 이유가 있다. 고객의 믿음을 확보하기 위해서는 품질역량이 확보되어야 하는데, 충진 작업을 통해 경험이 없는 직원을 교육하여 품질의 기본을 세울 수 있을 것으로 보았기 때문이다. 연구와 제조가 아무리 선진화되어도 현지 직원들의 숙련도가 떨어지면 화장품 업에서는 성공하기 어렵다. 그래서 중국 직원들로 하여금 충진이라는 단순하고 기초적인 일을 배우게 해 나중에 더 복잡한 화장품 제조공정 작업도 소화할 수 있도록 하자는 의도였다.

충진 작업에서 가장 중요한 것은 위생과 청결을 지키는 것이다. 중국 진출 초기 현지에서 채용된 생산직원들은 위생과 청결에 대해 기본적인 이해조차 없었다. 한 예로 내용물을 용기에 담다가 넘치면 추가 오염을 막기 위해 넘친 것을 닦아내야 함에도 중국인 생산 직원들은 이것을 지나치기 일쑤였다. 넘친 내용물을 닦아야 한다고 지적하면 왜 닦아야 하느냐고 반문하기도 했다. 이런 날에는 하루 종일 생산라인을 멈춰 세운 후 위생교육과 청소만 시켰다.

이렇게 기본을 가르치는 일에 충실하다 보니 생산성은 한심할 정도로 낮았다. 한국 본사의 눈초리도 따가워졌다. 하지만 코스맥스 차이나는 공장을 가동한 초기 2~3년 동안에는 생산성이라는 말 자체를 잊기로 했다. 본사에서 파견나온 한국 직원들에게도 생산성이 낮다느니 생산성을 높이기 위해서는 이렇게 해야 한다는 훈수를 두지 못하게 했다. 화장품 제조의 걸음마 상태에 있는 현지 직원들에게 생산성을 높이라고 강요해봐야 결국 남는 것은 품질문제와 내부 반발이라는 생각이 들어서였다. 품질사고가 나거나 이물질이 나오면 라인을 정지시키고 교육에 전념했다. 이로 인해 납기와 품질이 충돌하면 고객을 설득했다. 이러다 보니 이익이 나지 않았다.

이런 노력 덕분에 2~3년이 지나면서 숙련도 높은 현지 생산직 정예인원 20명 정도가 양성되었다. 코스맥스 차이나의 가장 큰 성장동력으로 성장한 이들은 생산라인의 조·반장으로 일하면서 작업 현장의 다른 중국 근로자들에 대한 통솔과 교육을 담당하고 있다. 시간이 흐르면서 서서히 한국 코스맥스 공장 수준에 근접하는 생산과 품질관리 시스템이 확보되기 시작했다. 이렇게 되자 코스맥스 차이나는 중국 화장품 고객사에 공장을 개방했다. 이러한 일이 반복되면서 코스맥스는 중국의 어떤 기업보다 뛰어난 품질의 제품을 개발하고 생산하는 기업이라는 인식이 퍼지기 시작했다.

고객과 함께 가기

이 원칙은 고객이 요구하는 제품을 개발하고 생산·공급하는 일 이외에도 고객에게 필요한 것은 무엇이든지 돕는 것을 말한다. 코스맥스 차이나의 비즈니스 범위는 사실 매우 넓다. 화장품을 개발하고 생산해주는 ODM 비즈니스를 넘어 중국 고객사를 위한 토털 비즈니스 서비스를 제공하기 때문이다. 제품개발을 위한 기본 콘셉트 컨설팅에서부터 제품이 만들어지고 나면 시장진입에 필요한 마케팅 서비스에 이르기까지 고객사에 제공하는 서비스의 범위가 확장되었다.

그 예가 중국의 한 화장품 업체들에게 방부제, 알코올, 인공색소, 인공향료, 합성계면활성제, 동물성 원료가 전혀 들어가지 않은 제품을 기획·개발해 제공한 일이다. 한국에서는 이미 '웰빙' 트렌드가 각종 음식사업 분야와 화장품 업계에 파고들면서 '무첨가' 제품개발이 핵심전략으로 등장하던 시절이었다. 이 화장품 업체에 여섯 가지 유해성분이 없는 제품이라는 의미의 '6무無'를 콘셉트로 TV 광고도 제안했다. 다행히 이 업체는 코스맥스 차이나의 제안을 받아들였고 결과는 성공이었다. 매출은 당연히 폭발적으로 늘었고 결

초월적 가치경영

정적으로 이 화장품 기업의 브랜드 이미지가 매우 좋아졌다. 중국 화장품 업계에서는 최초로 첨단 '무첨가' 화장품을 런칭한 기업으로 인식되면서 앞서가는 기업이라는 이미지를 굳힐 수 있게 된 것이다.

이런 일도 있었다. 중국의 쟈오란쟈런嬌蘭佳人이라는 한 유통업체가 자체 브랜드 화장품(PB 브랜드)을 출시하려고 기획하면서 이를 코스맥스 차이나와 논의했다. 중국 전체에 약 1천여 개의 매장을 운영하는 이 기업에 'REC'라는 메이크업 전용 브랜드를 개발해주었다. 브랜드의 기본 콘셉트에서부터 제품의 포지셔닝과 용기 디자인, 그리고 런칭과 마케팅에 이르기까지 모든 제작과정을 도와주었다. 여기에 파운데이션과 같은 기초적인 색조 메이크업용 화장품과 립스틱, 마스카라와 같은 포인트 메이크업용 화장품 전 라인을 구비하는 제품 포트폴리오도 구성해주었다. 이 기업은 매우 만족스러워했다. 자신들의 힘만으로는 거의 불가능했을 작업을 코스맥스를 통해 문제없이 해결할 수 있었기 때문이다.

코스맥스 차이나는 중국에서 굳이 안 해도 되는 일을 자처하기도 한다. 자신과 거래하는 고객사가 지정하는 화장품 부자재 업체들에게 품질 교육을 시켜주는 일이 한 예다. 비용도 코스맥스 차이나가 모두 부담한다. 중국의 현지 화장품 고객기업 중에는 코스맥스 차이나에 제품개발을 의뢰하면서 포장업체를 지정하는 경우가 많다. 문제는 이들 기업의 포장재 품질이 낮다는 것이다. 그렇더라도 고객사가 요구한 것이니 그대로 포장해 납품하면 그만이다. 하지만 화장품을 쓰는 최종 고객들은 까다롭다. 아무리 내용물을 한국 기업 코스맥스가 만들었다고 해도 겉포장이 허접하면 고객들은 좋은 제품이라고 인식하지 않는다. 용기의 외부 디자인, 이를 감싸는 포장재 그리고 내용물에 이르기까지 모든 것들이 일체화되어 고급 이미지를 줄 수 있어야 한다.

코스맥스는 자신들이 최상의 제품을 제공해도 포장업체가 좋은 품질의 포장재를 생산해내지 못하면 결국에는 고객사에 치명적인 결과가 올 것이고 그들의 장기적 성장에도 장애가 될 것이라고 판단했다. 그래서 코스맥스는 기업들이 사입하는 포장재에 대해 매우 엄격한 검수를 실시하기 시작하였다. 불량 포장재와 용기가 속출했고, 이 문제를 지적하자 포장재와 용기업체들이 들고 일어났다. 이 같은 일련의 과정을 경험하면서 코스맥스 차이나는 포장업체들을 교육시킬 필요가 있음을 절감했다. 지금은 한 달에 한 번씩 품질교육을 시키고 1년에 한 번 전체 포장재 및 용기회사들을 모아 워크숍을 실시하고 있다. 워크숍 자리에서는 모범사례가 발표되고 다른 회사들에 대한 정보가 교환된다.

그렇다고 코스맥스 차이나의 입고 절차가 느슨해진 것은 아니다. 교육이 더해지면서 현지 업체들에게는 코스맥스 차이나에 입고시키려면 꼼꼼하고 정확해야 한다는 인식이 자리 잡았다. 코스맥스 차이나가 이런 임무를 자처하는 이유는 바로 '고객과 함께 가기'라는 원칙 때문이다.

고객과 함께 가기 위해 코스맥스 차이나는 판시도 폭넓게 활용했다. 사실 꽌시는 모든 인간관계를 통칭한다. 코스맥스 차이나는 꽌시의 대상을 정부관료, 거래 고객사의 담당자를 넘어서 고객들의 가치사슬에 있는 모든 관계자들로 확장했다. 예로 들면 코스맥스 차이나는 단순히 고객사 담당자와의 유대관계만을 중요시하지 않는다. 화장품 제조와 유통에 관련된 유통상, 물류업체, 포장재나 용기를 취급하는 업체 등 모든 사람들을 만나고 꽌시를 맺으려고 노력하고 있다. 이렇게 되면 코스맥스 차이나와 거래하는 다른 기업들의 문제를 코스맥스가 해결해줄 수 있는 기회가 생기기 때문이다. 이런 친분이 쌓이면 코스맥스 차이나는 자신들과 거래하는 협력업체들로 만들어지는 생태계의 정점에 있게 된다. 그런 이유로 코스맥스 차이나는 단순히 화장품의 ODM뿐만 아니라 유통회사와 화장품 업체를 맺어주고 원료 제공 업체나 부자재 업체를 다른 화장품 회사와 연결해주는 역할도 수행하고 있다.

최근 코스맥스 차이나는 중국의 고객사를 상대로 새로운 시도를 하고 있다. 중국의 화장품 시장은 아직 걸음마 단계다. 한국은 기초화장품 시장을 넘어서 색조화장품 시장이 매우 활성화되어 있지만 중국은 아직 기초화장품조차 쓰지 않는 사람들이 대부분이다. 그러다 보니 중국의 화장품 회사들은 중국 시장에서 새로운 트렌드를 발굴하기가 쉽지 않다. 까다로운 소비자가 화장품 시장을 이끄는 것이 아니라 화장품 업계가 소비자를 이끌고 나가는 셈이다. 문제는 아직 중국의 화장품 회사들은 고객을 끌고 나갈 힘이 부족하다는 것이다. 이점에 착안해 코스맥스 차이나를 중국 화장품 산업을 선도하는 트렌드 세터로 자리매김하는 전략을 사용하기로 했다.

이 전략의 핵심은 중국 화장품 기업에 최신의 정보와 흐름을 경쟁사들보다 먼저 알려주는 것이다. 그것은 두 가지 방법으로 이루어진다. 하나는 '핫 아이템 박스'라는 것을 제공하는 것이고 다른 하나는 '트렌드 박스'를 제공하는 것이다. 굳이 '박스'라는 말을 쓰는 이유는 단순히 최근의 화장품 트렌드 정보만이 아닌 실물이 담긴 박스를 함께 전달하기 때문이다. 고객사에 정보는 물론이고 직접 눈으로 보고 만지고 사용해볼 수 있도록 체험샘플을 제공한다는 의미가 담겨 있다.

핫 아이템 박스는 코스맥스가 개발해 납품한 국내 제품들을 모두 모아 중국 화장품 회사들에게 해당 정보와 함께 박스에 넣어서 전달하는 것이다. 여기에 사용되는 제품은 한국 시장에서 직접 매입한다. 고객에게 이미 납품한 것이므로 시장에서 구입하는 것이 맞다는 판단에서다. 트렌드 박스는 앞으로 예견되는 트렌드에 적합한 제품을 실제로 소량 제조한 후 포장용기에 넣어 설명서와 함께 고객사에 전달하는 것이다. 이 과정에서 고객사는 실물을 보면서 정보를 전달받을 수 있다. 그만큼 코스맥스 차이나와의 긴밀한 관계를 유지하도록 만드는 것이다.

제11장

중국에서 종업원과
사회를 향한 초월적 가치경영

종업원의 벽 넘기:
구성원들을 향한 초월적 가치경영

고객의 벽을 넘음과 동시에 넘어야 하는 벽이 또 있다. '종업원의 벽'을 넘는 일이다. 종업을 향한 초월적 가치경영이 중요한 이유다. 이것을 위해서는 지켜야 할 몇 가지 원칙이 있다.

첫째, 현지 종업원들의 생리를 정확히 이해하기.
둘째, 종업원들의 성장에 초점 두기.
셋째, 종업원들을 인간적으로 대하기.

해외 비즈니스의 경우는 이 원칙들을 이해하고 실행하는 것에서 종업원을 향한 초월적 가치경영이 시작된다.

현지 종업원들의 생리를
정확히 이해하기

현지 종업원들의 생리를 정확히 이해하는 것은 해외 비즈니스에서 종업원의 벽을 뛰어넘어 초월적 가치경영을 성공시킬 수 있는 조건이다. 중국인 근로자들이 한국과 지리적으로 가깝고 겉모습도 유사해 생각도 우리와 비슷할 것이라고 생각한다면 잘못된 판단이다. 사실 그들은 한국 근로자들과는 매우 다른 근로관을 가지고 있다. 그들의 근로관을 몇 가지 살펴보자.

불의는 참아도 불이익은 못 참는다

중국 근로자들을 정확히 이해하기 위해서는 대의大意와 소의小意에 대한 중국인들의 태도를 이해할 필요가 있다. 한국인들은 전체를 위해 부분이 희생할 수 있다는 대의개념을 가지고 있다. 반대로 중국인은 내가 잘돼야 전체가 잘된다는 소의개념을 가지고 있다. 내가 잘 안 되었는데 어떻게 더 큰 뜻을 품을 수 있느냐는 생각이 강하다. 따라서 중국 근로자들은 그들 개인에게 일어나는 불공정에 대해 매우 민감하다. 이것이 해소되지 않으면 회사를 떠나기도 한다. 코스맥스 차이나에서도 비슷한 일이 자주 일어났다. 급여를 지불하는 날이면 총무부에는 중국 근로자들 한두 명이 자신의 급여에 불만을 품고 따지러 오는 경우가 많다. 동일하게 야근을 했는데도 야근수당이 적게 나왔다고 따지는 것이다. 이 경우 본인은 물론이고 다른 동료 근로자들의 야근시간 기록까지 확인하고서야 돌아간다.

성과급과 초과 수당에 민감하다

중국 근로자들은 성과급에 매우 민감하다. 이러다 보니 코스맥스 차이나에서는 성과급 범위가 0~250%에 이른다. 잘하는 사람과 그렇지 못한 사람의 차이가 매우 크다. 본사의 성과급 범위가 0~50% 임에 비하면 그 격차가 엄청나다. 이 정도로 큰 격차를 한국 근로자들은 받아들이기 어렵지만 중국 근로자들에게는 오히려 업무에 대한 집중도를 높이는 매우 중요한 요소다. 성과급 범위가 크지 않으면 오히려 일을 잘하는 사람들은 모두 이직을 해버린다. 다른 직원들도 굳이 열심히 일하려고 하지 않는다.

또한 그들은 초과 수당에도 매우 민감하다. 중국인들은 직장을 수시로 바꾸는 경우가 많다. 특히 생산직에서 그렇다. 그 이유 중 하나가 초과근무 수당이다. 야근이 많아야 돈을 더 벌 수 있는데 그렇지 못하면 근로자들은 쉽게 회사를 떠난다.

초기 코스맥스 차이나에서도 그런 일이 많았다. 회사가 처음 비즈니스를 시작한 터라 모든 생산직 근로자들에게 야근 수당이나 초과 수당을 줄 수 없었다. 그랬더니 근로자들이 회사를 떠나버렸다. 이런 문제를 해결하기 위해 코스맥스 차이나는 철새작업이라는 것을 고안했다. 여러 작업 공정 중 작업이 가장 어려운 애로 공정에 일이 몰리는 경우가 있다. 이때 애로 공정에서 일하는 사람들에게만 잔업기회를 주는 것이 아니라 다른 공정의 사람들도 잔업할 수 있도록 종업원들을 순환시키는 것이 철새작업이다. 이를 위해 평소에도 근로자들이 다른 공정으로 이동하면서 작업할 수 있도록 훈련시켰다.

한번은 이런 일도 있었다. 책을 사서 나눠주면서 휴가가 끝나면 독후감을 제출하라고 했다. 그랬더니 중국 노동국에 누군가 투서를 했다. 노동법을 어기고 휴가 중에 자신에게 초과근무 수당도 주지 않은 채 책읽는 일을 시켰다는 것이다.

그렇다고 그들을 부정적으로만 바라볼 필요는 전혀 없다. 그들의 이런 성향은 한편으론 매우 부지런한 태도로 나타난다. 회사의 정식 근무시간이 오전 8시라면 7시 이전에 출근하는 직원들이 많다. 아침에 일찍 출근해 사전에 작업 준비를 해놓으면 훨씬 능률적으로 일해 성과를 올릴 수 있다고 생각하기 때문이다. 그리고 연장근무나 주말특근에 대한 거부감이 거의 없다. 오히려 초과근무 수당이 부족하다고 생각하면 철야근무나 주말특근을 하겠다고 적극적으로 요청한다.

화를 내는 것을 이해하지 못한다

한국 주재원들은 동남아시아뿐만 아니라 특히 중국에서 화를 조절하는 방법을 길러야 한다. 이 국가들의 근로자들은 화를 내는 한국 사람들을 미친 사람이거나 덜 떨어진 사람으로 인식하기 때문이다. 한 번 화를 내고 나면 이후에는 리더십이 작동하지 않는다. 한국인들은 쉽게 분노하는 특성이 있다. 성격이 급하고 머릿속의 성과기준이 엄격해서다. 문제는 언어까지 자유롭지 못한 상태에서 무작정 화를 내다보면 현지 근로자는 한국인 주재원이 왜 화를 내는지 전혀 이해하지 못한다는 데 있다. 그들은 화를 내는 한국인들을 외계인의 말로 혼자 폭발해 발광하는 미친 사람으로 취급한다. 이럴 경우에는 화를 내는 것이 아니라 통역을 통해 무엇이 문제였는지 논리적으로 차근차근 설명해주어야 한다. 그렇게 수긍이 가도록 이해시키면 그때부터는 잘 따른다. 코스맥스 차이나에서 부서마다 통역을 두고 생산직 조·반장들에게 한국어를 가르치는 이유도 여기에 있다. 문제가 생기면 중국인 근로자들에게 이들을 통해 차근차근 설명해주기 위해서다.

하나의 일에 집중한다

중국 근로자들은 자신에게 주어진 한 가지 일을 열심히 하는 것을 좋아한다. 자신에게 어느 날 갑자기 시키는 별도의 일에 잘 대처하지 못한다. 자신이 해야 하는 일이 아닌 다른 일을 시키려면 여기에 합당한 대가를 지불해야 한다고도 생각한다. 이 점에 대해 한국 기업들이 절대 오해해서는 안 된다. 한국 근로자들은 부가적으로 할당되는 일이라고 하더라도 상사가 시키면 마지못해 하는 경우가 많다. 하지만 이것이 글로벌하게 통용된다고 생각하면 오산이다. 중국에서는 이를 자신이 해야 하는 일 이상이라고 생각하고, 심하면 노동국에 신고하는 일도 생긴다. 예를 들어 제품개발 업무를 하는 중국 연구원에게 개발 업무상황을 한국 주재원들에게 한국어로 통역해달라고 부탁하면 이상하게 여긴다.

이런 상황을 해결하는 방법이 두 가지 있다. 하나는 중국인들의 생각에 익숙해지는 것이다. 별도의 부가적인 일을 요청했을 때 거부한다고 화내고 기분 나빠할 필요가 전혀 없다는 얘기다. 그저 그들의 삶의 방식으로 인정하면 된다. 다른 하나는 지속적으로 교육하는 방법이다. 두 가지 이상의 일을 직원들이 해주어야 할 때가 있다. 이때에는 지속적인 교육을 통해 이런 일 역시 확장된 범주의 자신의 일임을 인식시키는 것이 중요하다.

코스맥스 차이나는 중국 비즈니스를 시작하는 그 순간부터 근로자들의 교육에 많은 노력을 쏟아부었다. 한 가지의 일을 숙련시키는 것도 중요했지만 적어도 두 개 이상의 일을 수행할 수 있는 역량을 키우기 위해서였다. 당연히 별도의 교육을 할 때는 그 시간만큼 임금을 지불했다. 그렇다고 해서 하나의 일에 집중하는 것을 절대 나쁘게 인식할 필요는 없다. 이런 태도 덕분에 중국 근로자들은 상사의 지시에 최선을 다해 몰입하는 모습을 보여주기도 한다. 상사가 자신을 인간적으로 대한다는 생각을 가지면 이런 현상은 더욱 두드러져 상사가 지시하는 일에 전력을 다한다.

안전사고에 대비해야 한다

중국 사업에서 생산직의 상당수는 지방 성省 출신자들이다. 이들은 안전에 대한 인식이 부족할 때가 많다. 근무시간 중 팔레트나 짐더미 뒤에서 낮잠을 자는 경우가 있다. 이곳에서 잠을 자면 혹시라도 짐이 무너져 큰 사고가 날 수 있다. 이런 경우에도 절대 화를 내면 안 되고 통역을 통해 이것이 왜 문제인지 이런 행동으로 목숨을 잃을 수도 있음을 알려주어야 한다. 그런 문제를 방지하기 위해 코스맥스 차이나는 위험이 도사리고 있는 사각지대에 감시용 카메라를 설치했다. 그리고 설치된 카메라가 근로자들의 안전과 직결됨을 알려주고 교육했다. 아무런 설명 없이 무조건 감시 카메라부터 설치하면 근로자들은 자신들을 무시하는 것으로 인식하기 때문이다. 코스맥스는 이런 방식으로 끊임없이 근로자들을 설득했다.

토론에 익숙하고 아이디어가 많다

중국 근로자들의 특징 중 하나는 상사의 눈치를 전혀 보지 않고 토론을 하며 자신의 아이디어를 쏟아낸다는 점이다. 한국인에 비해 매우 우수한 특성이다. '대륙의 실수'라고 불리던 샤오미폰의 등장도 중국 근로자들의 이런 성향을 활용한 결과다.

중국인들은 아무리 사소한 주제라도 일단 토론에 들어가면 서너 시간 이상을 이야기한다. 한국 근로자들은 한 시간만 지나도 할 말이 없어 서로 눈치를 보는 반면 이들은 끊임없이 아이디어를 쏟아낸다.

이 과정에서 한국인 상사들이 상처를 받기도 한다. 그들을 상사로 대접하면서 토론하면 좋은데 중국 근로자들은 전혀 그렇지 않기 때문이다. 이때 기분 나빠하면 역시 미친 사람 취급당한다. 코스맥스 차이나는 오히려 중국 근로자들의 창의적인 아이디어를 끌어내기 위해 토론을 장려하는 정책을 활용하고 있다.

종업원들의 성장에
초점 두기

해외 근로자들의 성장 욕구를 이해해야 한다. 이런 욕구는 앞서 설명한 성과급과 초과 수당에 민감한 특성과 깊은 관련이 있다. 중국에서 비즈니스를 하려면 이런 욕구를 이해하는 것이 매우 중요하다.

한국의 한 대기업이 운영하는 중국 공장에는 희한한 제도가 있다. 생산직 근로자들의 기숙사 규모에 차등을 두는 제도다. 6인실, 3인실, 2인실 그리고 1인실 기숙사가 있는데, 생산성이 좋은 근로자일수록 인원이 적은 방에 들어가도록 되어 있다. 일종의 성과에 따른 차등적 배려다. 이를 이상하게 여겨 6인실에 기거하는 한 근로자에게 기숙사를 이렇게 운영하면 불공평하지 않느냐고 물어봤더니 당연한 것 아니냐는 반응이었다. 자신은 지금 6인실에 있지만 언젠가는 1인실 기숙사에 들어가는 것이 꿈이라고 했다. 중국 근로자들이 성장에 대한 욕구가 얼마나 강한지 엿볼 수 있는 대목이다.

코스맥스 차이나는 중국 근로자들의 이러한 성장욕구를 채워주는 것이 매우 중요함을 깨닫고 이에 기초한 다양한 제도를 운영하고 있다. 생산현장에서의 생산성과 품질의 문제는 조·반장들의 통제력이 큰 영향을 미친다. 사업 초기 코스맥스 차이나에서는 조·반장들이 자신들의 역할을 제대로 못해주어 생산성과 품질에 큰 차질을 빚은 적이 있었다. 예를 들어 한 차례의 순환 배치생산이 끝나고 나면 작업장의 뒷정리가 필수적이다. 그렇지 못할 경우 다음 배치생산에 필요한 재료들과 혼입이 일어나 불량이 크게 증가한다. 이유는 조·반장들이 현장관리에 태만했기 때문이다.

코스맥스 차이나에서는 하루 최소 70번의 순환 배치생산이 이루어지고 있다. 따라서 뒷정리가 잘못되면 품질사고가 일어난다. 초기에는 유사한 일이 반복적으로 일어났다. 이 문제를 해결하지 않고서는 회사의 명성에 큰 문제가 생길 것이 뻔했다. 그래서 생각한 방법이 도태제도였다. 조·반장에 있는 근로자들을 평사원으로 강등시키는 제도다. 제도를 시행하기 전 이들을 집중적으로 교육시키고 생산현장 관리에 만전을 기하도록 조치했다. 그런 다음 매월 단위의 성과평가를 실행했다. 그중 낮은 성과를 보인 조·반장에 대해서는 평사원으로 예외 없이 강등시켰다. 성과가 높은 조·반장들에게는 장려금을 주었다. 그러자 이들에게서 변화가 일어났다. 중국 근로자 입장에서 강등은 성장이 멈추는 것은 물론이고 후퇴하는 것을 의미한다. 도태제도 시행 후 코스맥스 차이나의 생산성과 품질은 몰라보게 달라지기 시작했다.

이와 동시에 코스맥스 차이나에서는 조·반장들에게 힘을 실어주는 제도도 운영하고 있다. 이곳에서는 생산직 직원을 바로 정사원으로 뽑지 않는다. 일단 용역회사로부터 인력을 보충받은 후 그 인력들을 평가해 정사원으로 뽑는다. 이때 조·반장들의 역할이 중요하다. 조·반장들이 생산현장의 용역직원들을 평가하고 500위안 정도를 포상하는 일을 담당하기 때문이다. 작업자들 중 우수용역이 되면 정사원으로 발탁된다. 한마디로 인사권을 담당하는 중추적인 역할을 조·반장들에게 맡긴 것이다.

이런 제도가 운영되자 이들의 회사에 대한 충성심은 엄청나게 커졌다. 자신들이 생산현장의 중추자이며 하위 작업자들에게 영향을 미치는 사람이라고 인식했기 때문이다. 이렇게 길러진 조·반장들은 코스맥스 차이나를 지탱하는 핵심인재로 자리 잡아가기 시작했다.

생산현장에서 근무하는 사람들의 성장욕구만 채워주는 것은 아니다. 연구소의 연구원이나 일반 직원들에게도 유사한 제도를 운영하고 있다. 그중 하나가 우수사원으로 선발된 사람들에게 2개월간 한국 본사 연수 기회를 제공하는 것이다. 한국 연수는 코스맥스 차이나에 근무하는 직원들이 매우 선망하는 일이다. 화장품 기술이 월등히 높은 본사에 가서 고급기술을 익힌다는 이유도 있지만 이를 통해 자신의 몸값을 높일 수 있는 기회로 생각하기 때문이다. 코스맥스 차이나에 근무했던 직원들은 중국 화장품 회사로 이직 시 연봉이 두세 배로 뛰는 경우가 다반사다. 이것을 잘 아는 중국 근로자들은 본사 연수를 자신이 성장할 수 있는 절호의 기회로 인식한다.

이런 이유로 코스맥스 차이나는 중국 화장품 시장에서 화장품업계의 아카데미로 통한다. 코스맥스 차이나 입장에서는 반드시 반길 만한 일은 아니지만 현실이 그러하다. 이들 중에는 퇴사한 지

1~2년이 못되어 다시 회사로 복귀하는 사람들도 있다. 중국 화장품 회사에 가서 일해보면 코스맥스 차이나에서 더 배워야 한다는 사실을 깨닫게 되는 것이다. 이런 경우 특별히 회사에 해를 끼친 적이 없다면 받아준다. 복귀한 사람들이 대체로 이전보다 더 열심히 일하기 때문이기도 하지만, 혹시라도 이직을 계획하고 있다면 다음에 다시 돌아올 때 당당할 수 있도록 열심히 일하다가 나가라는 메시지를 주기 위해서다.

코스맥스 차이나에서 근로자들의 성장을 배려하는 것은 입사 시절부터 이루어진다. 최초 입사자는 무조건 멘티-멘토 제도를 거쳐야 하며, 멘토는 일정한 연한을 경험한 선배 사원이 맡는다. 이들은 멘티를 육성할 의무를 지기도 하지만 이들에 대한 평가권도 가지고 있다. 멘티가 잘 성장하면 멘토도 보상을 받는다. 전에는 이러한 제도가 없었다. 그러다 보니 신입사원들이 누구에게 일을 배워야 하는지 모르고 우왕좌왕하는 일이 많았다. 그리고 공들여 뽑은 신입사원들이 퇴사하는 일도 벌어졌다. 이직도 막고 신입사원들을 성장시키기 위해 도입된 제도가 멘티-멘토 제도다. 멘토들의 만족도도 올라갔다. 멘토가 되면 우선 멘토수당을 받을 수 있고 좋은 멘토로 뽑히면 회사에서의 대우도 좋아지기 때문이다.

다른 한편으로 코스맥스 차이나는 현지 직원들의 승진에도 많은 배려를 하고 있다. 직원들에게 아무리 배려를 잘한다 해도 이것이 하위직에만 편중된다면 현지 근로자들은 회사의 배려를 진정성 있는 것으로 받아들이지 않는다. 이들은 자신들 중 누가 고위직으로 승진하는지 지켜보고 자신들이 한국 주재원들과 비교해 어느 수준까지 승진할 수 있는지에도 매우 관심이 많다. 아무리 올라가도 한국인보다 높이 올라갈 수 없는 유리천장이 있다고 여기면 이들은 비전이 없는 기업으로 생각한다. 이 문제와 관련해서도 코스맥스는 신중하게 대처했다. 능력이 있는 사람 중에서 일정한 연한이 되고 자격이 충분하면 승진을 시키는 것을 원칙으로 했다. 코스맥스 차이나의 경우 중국에서의 비즈니스 역사가 오래되지는 않았지만 중국인 최고위직이 상무보 수준까지 올라갔고 부공장장도 중국인이다. 조만간 상무와 전무급도 나올 것으로 기대하고 있다.

중국인들은 고위직으로 승진하는 것만큼이나 중요 직책의 업무를 누가 맡는가 하는 것에도 관심이 많다. 현지 중국인들이 중요 직책을 맡을 가능성이 낮으면 회사에 비전이 없다고 생각하고 자신들도 성장하기 어려운 회사로 인식한다. 코스맥스 차이나는 현재 인사부장이 중국인이다. 이런 인사정책은 한국인이 중국 종업원들을 통제·관리하지 않는 것은 물론 능력만 되면 누구든 중요한 직책을 맡을 수 있음을 보여준다.

종업원들을 인간적으로 대하기

회사가 작은 부분까지도 현지 근로자들을 인간적으로 대우하고 있음을 보여주어야 한다. 중국의 생산직 근로자들은 오전 근무 후

10시 30분이 되면 10분간 휴식시간을 갖는다. 오후 작업 후 오후 3시 30분에도 다시 10분간 휴식을 한다. 이때 중국 기업들은 두 번의 휴식시간 20분을 근로시간으로 인정하지 않아 급여를 주지 않는다. 코스맥스 차이나는 이것을 근로시간에 포함해 인건비를 지불하고 있다. 사소한 것에도 회사가 근로자들에게 관심을 가지고 있음을 알리고 그렇게 신경을 써야 근로자들이 외자기업일지라도 회사에 애정을 가질 수 있기 때문이다. 또한 코스맥스 차이나에서는 모든 근로자들에게 아침, 점심, 저녁을 무료로 제공하고 있다. 다른 중국 기업들은 근로자들이 식대 전액을 부담하거나 절반 정도를 낸다. 통근버스도 8대를 운영해 회사 출근에 어려움이 없도록 최대한 배려한다.

일을 잘하던 근로자가 사직을 하는 경우에도 당사자에 대한 관심과 배려를 아끼지 않는다. 대체로 연봉을 높게 주는 곳으로 이직하는 경우가 많아 이직을 막을 수는 없지만 이직하는 사원의 친한 동료나 선배를 찾아서 이들이 떠나는 이유를 들어주고 만류하면 이직을 그만두는 경우도 있다. 회사가 자신을 배려하고 있고 자신의 존재를 중요하게 여기고 있다고 생각해서다.

중국 사람들은 명절에 상사에게 인사치레하는 것을 매우 중요하게 여긴다. 춘절 같은 명절에는 부하직원들이 상사에게 다양한 선물을 주는 것이 관례다. 코스맥스 차이나의 직원들도 초기에는 한국인 상사나 총경리에게 선물을 했다. 하지만 이런 관행을 금지시키고 오히려 회사를 위해 고생해주어 고맙다고 회사가 근로자들에게 선물을 제공했다. 이것은 다른 중국 회사에서는 상상하기 어려운 일이었다. 근로자들은 처음에 상사에게 선물하는 관행을 금지시키자 자신들의 정성을 거부했다고 오해했지만, 나중에는 충분히 납득하고 선물을 받는 기쁨도 누리면서 회사에 대한 애정도가 높아졌다고 한다.

삼고초려 방식으로 우수인재를 영입하기도 한다. 코스맥스 차이나의 경우 핵심인재에 대한 영입은 주로 사장인 총경리가 직접 담당한다. 누구를 뽑아야 하는지가 결정되면 총경리는 뽑아야 할 사람의 집 근처에 좋은 식당을 예약하고 최선을 다해 그를 예우한다. 한 번으로 안 되면 두 번, 세 번 거듭 만난다. 그러다 보면 대체로 총경리의 정성에 감동해 입사하게 된다.

중국에서는 일선급 대학과 이선급 대학 간의 차이가 크다. 배이징대학이나 칭화대학 같은 최상위 일선급 대학 졸업자를 뽑지는 못하지만 일선급에 속하는 대학졸업자들 중 핵심인재를 뽑는 데 심혈을 기울이고 있다. 그렇게 들어온 사원들은 정말 열심히 일한다.

중국 근로자들은 총경리와 일대일 또는 소수 인원들과 만날 때 자신들을 인간적으로 대우해주고 있다는 느낌을 강하게 받는다. 중국에서는 회사의 최고 위치에 있는 총경리와 일선 직원들이 만나는 것은 상상하지 못한다. 아예 기대도 하지 않는다. 하지만 코스맥스 차이나에서는 신입사원 때부터 총경리와 일대일 만남을 가질 수 있다. 신입사원들이 들어오면 총경리는 이들과의 만남을 통해 자신의 생각을 전달하고 이들이 회사에 대해 질문하면 일일이 답변을 해준

초월적 가치경영

다. 일반 직원들과는 3개월에 한 번 이루어지는 부서간 워크숍이나 1년에 한 번 열리는 전체 워크숍에서 만난다. 워크숍은 업무를 떠나 전 회사 사원들이 서로 친목을 다지는 자리다. 여기에서 직원들은 총경리와 격의 없는 대화의 시간을 가지게 된다.

사회를 위한 초월적 가치경영

해외 비즈니스에서는 인허가와 같은 기업과 직접적으로 관련된 사안을 해결하는 것도 중요하지만, 현지 사회와의 밀착을 통해 장래에 혹시라도 있을지 모를 위험한 상황에 대비하는 것도 매우 중요하다. 이런 일이 일어나면 현지 정부는 해당 기업에 엄한 조치를 취하지 않을 수 없다. 이것을 사전에 예방하는 것이 바로 지역사회를 향한 초월적 가치경영이다. 중국에서는 이 방법이 더더욱 중요하다. 다른 나라 기업에 대한 적개심이 적지 않기 때문이다. 만일 외국기업이 자국에서 사회에 해악이 되는 일을 했다는 의심이 들 경우 그에 상응하는 처벌은 매우 엄할 수 있다.

코스맥스는 중국에 진출하면서 특별히 이런 점에 주의했다. 진출 초기 회사는 무명에 가까웠고 생존이 우선인 까닭에 고객사의 불법적 요구에 유혹을 느낄 만한 상황에서도 지역사회가 거부감을 가질 만한, 즉 법에 어긋나는 일이라면 단호히 거부했다.

한번은 한 중국 화장품 기업이 코스맥스에 접근했다. 제조 등 모든 것이 정상이었지만 한 가지 문제가 있었다. 세금을 탈루할 목적으로 무자료 현금거래를 요구한 것이다. 이런 방식은 중국 화장품 업계에 널리 퍼진 관행이었다. 수천 개의 군소 브랜드가 난립해 있던 화장품 시장에서는 더욱 심각했다.[12] 요구를 들어주면 많은 양의 주문이 가능하고 코스맥스도 세금탈루가 가능해 손쉽게 돈을 벌수 있는 기회였다. 하지만 코스맥스는 거래를 거절했다. 결국 언젠가 이것이 기업성장의 발목을 잡을 것이고 무자료 거래방식은 오래가는 방법이 아니라고 판단했던 것이다.

문제는 대부분의 기업들이 무자료 거래를 요구했다는 것이다. 그러자 코스맥스는 이들을 거꾸로 설득하기 시작했다. 대신 생산시설과 연구시설을 보여주면서 최상의 화장품을 개발해줄 것을 제안했다. 이 과정에서 거래를 포기하는 기업들도 다수 나타났다. 하지만 코스맥스는 거래자료 투명 정책을 일관되게 유지했다. 곧 코스맥스와 거래하려면 무자료 거래는 불가능하다는 소문이 퍼지기 시작했다. 느리지만 코스맥스와 정상적인 거래를 하는 기업들이 생겨났다. 이제 코스맥스와 거래하는 고객사는 모두 정상적으로 세금을내는 기업들이다.

이러한 전략을 취했음에도 불구하고 코스맥스는 중국에서 매년공장을 증설하는 실적을 올렸다. 임대공장 시대가 마무리되고 자체공장을 지을 수 있게 되었다. 그리고 광저우에 제2공장을 짓는 성과도 올렸다. 이렇게 되자 코스맥스는 중국 정부의 눈에 특이한 기업으로 보였다. 외국인 투자기업의 혜택을 받아 법인세를 감면받았음에도 부가세와 특별소비세를 꼬박꼬박 내는 기업으로 인식된 것이다. 이로 인해 상하이 시로부터 모범 납세자로 표창을 받았다. 그리고 중국 법인장은 상하이 경제사회 발전에 이바지한 공헌을 인정받아 그 분야의 최고 상인 백옥란 기념상을 수상하기도 했다."[13]

결론적으로 코스맥스 차이나의 중국 비즈니스 방법은 무조건 원칙에 충실하기다. 내야 할 세금을 숨김없이 내는 것은 당연하고 중국 정부가 요구하는 환경, 안전, 오염배출에 대해서는 자체적으로 더욱더 까다롭게 관리한다.

중국 근로자 문화 중 특이한 것이 있는데, 바로 투서다. 중국 근로자들은 자신에게 불리하거나 이용할 가치가 있다고 생각하면 가차 없이 해당 관청에 투서를 한다. 특히 외국기업이 자주 표적이 된다. 어차피 중국 기업도 아니고 회사를 떠나버리면 마땅히 중국 커뮤니티를 통해 제재할 방법도 없기 때문이다. 그래서 중국에서 사업을 하려는 기업은 철저히 자신에게 엄격해야 한다. 그동안 축적한 꽌시만 믿고 섣부른 행동을 하면 한순간에 기업을 공중 분해시키는 일이 일어날 수 있다. 비록 법을 잘 알지 못해 일어난 사안이라도 문제로 지적당하면 무조건 승복하고 벌금을 내야 한다. 사회를 위한 초월적 가치경영은 현지 사회에 기업이 기여한다는 이타적 목적도 있지만 예측하지 못한 사건으로 인한 현지 정부의 제재로부터 기업을 보호한다는 목적도 있다.

제12장

초월적 가치경영이
어려운 이유

비즈니스 모델의 이해

초월적 가치경영의 가장 큰 단점은 실천하기가 쉽지 않다는 데 있다. 이유는 나보다 남을 먼저 생각하는 것이 마치 나는 손해를 봐야 한다는 말로 들리기 때문이다. 기업의 경우 단기적 성과에 집착할수록 초월적 가치경영을 실천하기 어렵다. 이들 기업에서 공통적으로 나타나는 현상이 있는데 '역순환의 함정'이다. 이것은 고객보다 자신의 이익을 우선적으로 생각한 결과 고객에게 불충실해지는 비즈니스의 부작용을 말한다. 타인인 고객에 대해 생각할 여유를 갖지 못하는 기업에서 종종 볼 수 있다. 이것에 대하여 자세히 알기 위해서는 먼저 비즈니스 모델을 이해할 필요가 있다. 비즈니스 모델이란 기업이 이윤창출을 위해 행하는 행동방식을 말한다.

기업이 돈을 벌기 위해서는 기본적으로 다음의 네 가지 행동방식에 대한 결정이 필요하다. 1) 고객과 어떤 방식으로 관계를 맺을 것인가(고객관계모델). 2) 고객에게 제공할 가치를 어떻게 만들어낼 것

그림 12-1 비즈니스 모델의 네 가지 영역[14]

가치생성모델	고객관계모델
비용모델	수익모델

인가(가치생성모델). 3) 비즈니스를 하면서 발생하는 비용을 어떻게 통제할 것인가(비용모델). 4) 비즈니스를 통해 어떻게 수익을 얻을 것인가(수익모델).[15] 이들 중 비용모델과 수익모델을 합쳐 경제모델 이라고도 한다. 수익에서 비용을 빼 어떻게 이윤을 만들까를 고민 하는 영역이다.(〈그림 12-1〉 참조)

예를 들어보자. 화장품업의 경우 고객과 만나는 방식이 기업마 다 다르다. 방문판매를 통해 고객을 만나는 기업도 있고 로드숍을 통해 고객과 접촉하는 기업도 있다. 이들 두 기업은 고객관계모델 이 다르다. 또 기업에 따라서는 자체생산을 하는 경우도 있고 ODM 기업에 위탁생산을 하는 경우도 있다. 이들 기업은 가치생성모델이 다르다. 어떤 기업은 소품종 대량생산이나 광고를 최소화하는 방식 으로 비용을 줄이는 것에 역점을 두는가 하면, 이와는 반대로 소량 생산을 하면서 최고급 재료를 사용하고 광고비를 많이 투입하여 고 급이미지의 제품을 만드는 기업도 있다. 비용모델이 다른 경우다.

기업에 따라서는 제품가격을 낮게 책정하여 박리다매를 하는 곳이 있고, 적게 팔더라도 고가정책을 쓰는 기업이 있다. 이런 경우를 수익모델이 다르다고 한다.

비즈니스는 〈그림 12-1〉의 네 가지 영역 어디에서든지 출발이 가능하다. 예를 들면 다른 기업들이 많은 수익을 내고 있다는 사실을 알고 이 사업에 뛰어들어 비즈니스를 시작할 수 있다(수익모델 기반). 현대그룹의 정주영 회장이 최초에 시작한 비즈니스는 자동차 정비업이었다. 그는 어느 날 돈다발을 봉투에 가득 담아 다니는 사람들을 목격하게 된다. 건설업자들이었다. 그는 다음날 곧바로 건설업에 뛰어들었다. 이렇듯 주위에서 사람들이 돈을 많이 벌고 있는 분야에 빠르게 뛰어들어 동참하면 비즈니스가 가능하다.

비용모델에서도 출발할 수 있다. 매우 저렴한 원자재를 구입할 수 있거나 적은 비용으로 제작 생산할 수 있다면 비즈니스가 가능하다. 대체로 수입대체 산업이 이에 해당한다. 제품의 수입원가가 고가인 경우 그보다 낮은 가격으로 공급할 수 있다면 이 사업은 높은 성공확률을 가질 수 있다.

가치생성모델에서도 비즈니스 출발이 가능하다. 자신이 가진 특이한 기술을 활용해 비즈니스를 하는 경우다. 연구소나 대학에서는 독창적인 기술을 창안하는 경우가 많다. 이것을 이용해 창업을 하는 경우가 여기에 해당한다. 또는 다른 나라에서 유망한 기술을 배워와 이를 토대로 비즈니스를 하거나 'a'라는 나라에서는 이미 보편화되어 있지만 'b'라는 나라에서는 그런 제품이나 서비스가 없을 경우 이를 'b'나라에 가져가 비즈니스를 하는 것도 유사한 경우라고 할 수 있다. 미국의 커피 전문점 스타벅스나 피자전문점 피자헛이 한국에 들어온 것도 가치생성모델에 기초한 비즈니스다.

고객관계를 통해서도 비즈니스를 할 수 있다. 이 경우의 핵심은 고객의 불만을 귀담아 듣고 이들의 문제를 해결해주는 제품이나 서비스를 만드는 것에 있다. 한국에서 가장 많이 팔린 프라이팬이 있다. 해피콜이라는 회사가 만든 것이다. 이 회사는 국내시장에서 프라이팬의 글로벌 강자인 테팔을 꺾을 정도의 실력을 가지고 있다.

해피콜의 시작은 설립자가 재래시장에서 프라이팬을 팔던 시절로 돌아간다. 그는 프라이팬을 팔 때마다 주부들로부터 "바닥이 안 타는 프라이팬 없어요? 눌어붙지 않는 프라이팬 없나요? 부침개가 잘 뒤집어지는 프라이팬 있나요?"라는 말들을 수도 없이 들었다고 한다. 처음에는 기존의 프라이팬 팔기에 정신이 팔려 관심을 두지 않았지만 곰곰이 생각해보니 주부들이 말하는 프라이팬을 만들면 시장성이 있겠다는 생각이 들었다고 한다. 그래서 만든 회사가 해피콜이다.

해피콜은 첫 작품부터 대박이 났다. 재료를 어렵게 뒤집지 않고도 요리를 할 수 있는 '양면팬' 덕분이다. 요리할 때 프라이팬 안에 있는 재료를 뒤집는 일은 주부들에게 영 성가신 일이 아니다. 오죽하면 이것을 잘 뒤집는 요리사들을 보고 사람들이 환호할까? 아이디어는 붕어빵을 만드는 틀에서 찾았다. 프라이팬을 양면으로 만들어 쓱 뒤집기만 하면 되는 프라이팬을 만든 것이다. 이를 계기로 해피콜은 프라이팬의 최강자로 우뚝 설 수 있게 되었다.

비즈니스의 선순환구조와
역순환구조

어디서 비즈니스를 시작하든지 상관없지만 비즈니스를 궁극적으로
성공시키려면 반드시 지켜야 할 원칙이 하나 있다. 반드시 비즈니
스를 선순환구조로 만들어주어야 한다는 것이다. 비즈니스를 어디
에서 시작하든 반드시 고객의 시각으로 돌아가(고객관계모델) 그들
의 욕구를 만족시켜줄 핵심역량을 구축하고(가치생성모델) 여기에
따라 비용과 수익을 생각해야 한다는 원칙을 말한다. 〈그림 12-2〉
가 보여준다.
　예를 들어 한국에서 대박을 낸 비즈니스 방식이라고 하여도 그대

그림 12-2　　비즈니스의 선순환구조[16]

로 다른 나라에 똑같이 이식하는 것은 바람직하지 못하다. 반드시 현지 고객이 무엇을 원하는지를 먼저 살펴 한국방식을 그대로 사용할지 아니면 변형할지를 고민해야 한다. 이 과정이 선행된 후 제품이나 서비스는 어떤 방식으로 만들고 어느 정도의 비용을 들일 것이며 마지막으로 수익은 어떻게 낼 것인지를 고민해야 한다. 이렇게 생각할 줄 아는 것을 비즈니스의 선순환 구조를 이해했다고 한다.

이 반대로 하는 것이 역순환구조다(〈그림 12-3〉 참조). 가장 먼저 생각해보아야 할 고객을 맨 나중에 생각하는 실수를 말한다. 역순환구조에 의한 실수에는 네 종류가 있다.

① 가치생성 방식에 대한 집착으로 고객관계가 올바르게 이뤄지지 못한 경우
② 비용에 대한 집착으로 가치생성 방식이 올바르게 이뤄지지 못한 경우
③ 수익에 대한 집착으로 비용통제가 올바르게 이뤄지지 못한 경우
④ 수익에 대한 집착으로 고객관계가 올바르게 이뤄지지 못한 경우

①번은 자신의 입장에서만 제품이나 서비스를 개발하거나 판매함으로써 나타나는 실수를 말한다. 일본 기업들이 이런 실수를 잘 저지른다. 일본 에어컨의 품질은 세계 최고다. 냉기를 뿜어내는 힘이나 조용함 그리고 전기를 절약하는 기술 등이 세계 정상급이다. 그런데 일본의 에어컨은 무더운 인도에서 팔리지 않는다. 이유는

초월적 가치경영

그림 12-3 비즈니스의 역순환구조[17]

가치생성모델 → ① → 고객관계모델

② ④

비용모델 ← ③ ← 수익모델

인도의 고객들이 별로 중요하게 여기지 않는 것에 많은 투자를 하는 바람에 에어컨 가격이 비싸졌기 때문이다. 인도 사람들은 에어컨의 소리가 크든 작든 그다지 신경쓰지 않는다. 인도를 방문해본 사람들은 알겠지만 인도는 소음에 매우 너그럽다. 길거리에 가면 차들의 뒤에 '나에게 경적을 울려주세요Horn me Please'라는 글이 적혀 있는 것을 흔히 볼 수 있다. '내가 당신의 차를 막고 있다면 경적을 울려라. 그러면 비켜줄게'라는 의미다. 그런 까닭에 인도의 도로는 경적소리로 매우 요란하다. 이런 상황에서 에어컨에서 나오는 소음 정도는 문제될 것이 없다. 따라서 인도에서는 냉기가 잘 나오고 저렴한 에어컨이 매우 잘 팔린다.

 하지만 일본 기업들은 자신들의 품질기준에 맞춰 매우 조용한 에어컨을 만들어 판다. 소리에 민감한 일본 사회를 반영한 것이다. 일본에서는 소리 나는 에어컨은 에어컨으로 취급하지 않는다. 이런 생각으로 인도에서도 에어컨을 팔았다. 팔릴 리 없다. 인도 시장에서의 고객이 무슨 생각을 하든 관계없이 자신만의 기준으로 제품을 만들고 서비스를 제공하고 있으니 비즈니스가 될 리가 없다. 한국의 기업들이 중국에 진출할 때도 유사한 실수를 많이 한다. 한국에서 성공적으로 자리 잡은 방식을 무턱대고 중국 시장에 그대로 이식하는 경우다. 만에 하나 운이 좋아 성공할 수도 있지만 실패 확률이 더 높다.

더 큰 문제는 ②, ③, ④번에서 생겨난다. 당장 나가는 비용과 벌어들이는 수익에 마음이 갇혀 다른 것을 생각하지 못하는 경우다. 비용과 수익에만 관심을 가지면 고객과의 밀착에 실패하고 이를 위한 역량 확보에도 실패한다. 대표적인 기업이 미국의 거대 자동차 회사인 GM이다. 세계 자동차 시장을 쥐락펴락했던 GM이 2009년 몰락하는 사태가 벌어졌다. 이후 미국 정부가 막대한 돈을 투입해 간신히 살렸다. 도대체 왜 이런 일이 발생했을까? 이 문제를 다룬 책이 밥 루츠의 『빈 카운터스Bean Counters』다. 이 책의 부제는 '숫자와 데이터로 기업을 망치는 사람들'이다. 빈 카운터스란 '콩의 숫자만 세는 사람'이라는 의미다. GM에서는 다른 어떤 것에도 관심이 없었다. 오로지 회사가 쓴 비용이 얼마이고 벌어들인 수익이 얼마인가에만 관심을 가졌다. 그러다 보니 소비자들의 입맛이 어떻게 변하든 상관없이 비용을 줄이는 것과 돈을 빨리 버는 방법에만 골몰하게 되었다. 회사가 비용과 돈벌이에만 관심을 가지게 되자 회사 내부에는 경리와 회계부서 사람들의 힘이 세졌다. 자연스럽게 이들은 비용을 줄이는 분석에만 매달렸다. 비용 절감을 달성하기 위해 값싼 부품조달을 강요했다. 그러자 GM의 명성에 걸맞은 자동차 품질이 사라지기 시작했다. 엔지니어들도 비용을 줄이라는 닦달에 못 이겨 비용 줄이기 회의로 날을 샜다. 소비자들의 취향변화는 돈이 든다는 이유로 처음부터 무시되었다. 그러자 미국의 소비자들은 자신들의 욕구를 반영하지 못하는 GM의 차로부터 멀어졌다. 대신 도요타나 혼다 그리고 한국의 현대자동차에 더 큰 관심을 보이기 시작했다. 그렇게 GM은 스스로 무너졌다.

　한국의 저가항공사들이 매스컴의 집중적인 성토를 받은 적이 있다. 이유는 이들이 고객을 대하는 행태 때문이었다. 한 저가항공사는 기내에 공기를 공급하는 장치를 작동하지 않은 채 비행기를 이륙시켜 고도 1만 5천 피트 상공에서 승객들이 코피를 쏟고 극심한 귀 통증을 호소하는 일이 벌어졌다. 그러자 이번에는 고도를 낮추기 위해 비행기를 급강하시키면서 천장의 산소마스크가 순식간에 내려오는 등 비행기 안이 아수라장이 되었다. 이런 일도 있었다. 필리핀 세부에서 부산으로 가는 비행기가 출입문이 완전히 닫히지 않은 상태에서 이륙하는 말도 안 되는 일이 일어났다. 기장은 "굉음이 들린다"는 승무원의 보고를 받고도 이것을 무시하고 고도를 상승시켰다고 한다.[18]

　또 제주도에 32년 만의 폭설과 한파가 몰아쳐 7만 명이 넘는 제주 관광객들이 공항에 묶인 적이 있다. 그러자 공항은 순식간에 난

민촌으로 변했다. 수많은 사람들이 제주도를 빠져나가기 위해 한꺼번에 공항으로 몰려들었기 때문이다. 저가항공사들이 대기자 명단을 공항에 먼저 온 사람 순으로 받는다고 고지한 것이 문제였다. 원칙대로라면 왕복 비행기 표를 끊은 사람들이 먼저 비행기를 타고 나머지 좌석은 순서대로 대기자 명단을 통보해줘야 했다. 왜 이런 일들이 저가항공사에서 벌어졌을까? 이유는 비용을 줄이고 수익을 내는 돈벌이에만 관심이 있고 고객은 뒷전으로 생각했기 때문이다. 문제가 발생한 비행기를 점검받으려면 회항해야 하고 그렇게 되면 비용이 발생한다. 대기자 명단을 작성할 때 일일이 전화하면 돈이 든다. 그러니 손님들을 한꺼번에 공항으로 불러내 줄 세우면 일이 간편해지고 비용도 절약할 수 있다. 이 같은 생각들이 저가항공사 관계자들의 머릿속에 꽉 차 있었기 때문이다. 이런 현상들을 총칭하여 역순환구조라고 한다. 기업이 역순환구조에 빠지면 비즈니스는 실패라는 종착역을 향해 달려가게 된다.

역순환구조에 빠지지 않는 방법: 초월적 가치경영

역순환의 함정에 빠지지 말라는 말에 동감하기는 쉽지만 실천하기는 쉽지 않다. 단기적으로 벌 수 있는 돈과 아낄 수 있는 돈이 아른거리기 때문이다. 이런 유혹에서 빠져나오는 특효약이 바로 초월적 가치경영이다.

이것에 충실한 음식점이 하나 있다. 명동에 있는 왕비집이라는 소고기 요리 전문점이다. 이 집은 '한국관광콜센터 문의전화 1위' 식당으로 유명하다. 명동을 방문하는 외국 관광객들에게 필수 관광 코스가 되었다는 말이다. 왜 그럴까? 고기맛이 좋은 것이 한 이유겠지만, 더 큰 이유는 이곳의 서비스가 다른 식당과 차별화되어 있기 때문이다. 보통 소고기 전문점에서는 손님이 알아서 구워먹는다. 그런데 이곳에서는 손님에게 직접 고기를 구워주는 직원들이 테이블마다 붙어 있다. 한국의 음식점은 기본적으로 손님을 부려먹는 방식으로 설계되어 있다. 하지만 이런 문화는 외국인에게는 어색하다. 특히 명동을 많이 찾는 중국손님들이 어색해했다. 그래서 이 식당에서는 테이블마다 종업원을 두게 되었다. 이렇게 하였더니 한국 고객들도 좋아하더란다.

왕비집이 처음 문을 열었을 당시 강한 유혹이 있었다. 외국인 관광객으로 가득 찬 명동에서 대부분의 음식점들은 관광 가이드와 커넥션이 있다. 빠른 시간 내에 손님을 많이 끌어모을 수 있기 때문이다. 왕비집도 이런 방식을 두고 고민했다. 하지만 이 전략을 택하지 않았다. 가이드를 활용하면 대신 매출의 20~30%를 수수료로 내야 한다. 왕비집은 이 비용을 고스란히 서비스에 투자하기로 마음먹었다. 서비스의 품질을 높여 손님이 제 발로 찾아오게 하지 않으면 결국에는 문을 닫을 것이라는 생각에서였다.

개업 당시 찾아오는 손님이 없어 파리를 날렸다. 하지만 시간이 지나자 상황이 반전되었다. 가이드를 썼던 집들이 오히려 하나 둘씩 문을 닫기 시작했고 왕비집에는 손님이 늘어나는 기현상이 일어났다. 한 번 다녀간 관광객들이 페이스북에 후기를 남기면서 다른 손님을 불러모았기 때문이다. 관광객들의 최근 패턴은 가이드를 따라다니기보다는 자신들이 스스로 찾아다니는 목적형 관광으로 바뀌었다. 그들은 여행에 실패하지 않기 위해 꼼꼼히 SNS를 뒤져 정보를 찾는다. 왕비집이 바로 그런 관광의 목적지가 된 것이다.[19] 이런 전략이 유지될 수 있는 이유 역시 초월적 가치 덕분이다. 이 식당의 주인은 수단과 방법을 가리지 않고 돈을 빨리 버는 것이 아니라 손님들이 자신의 가게를 찾아주어 그 덕으로 돈을 버는 것이 더 중요하다고 생각했다.

명동에서 음식점을 하면서 관광 가이드에게 수입을 의존하는 곳들은 〈그림 12-3〉에서 수익모델→비용모델→가치생성모델→고객관계모델로 이어지는 즉, ③→②→①의 역순환 경로를 따르거나 수익모델→고객관계모델로 이어지는 ④의 역순환 경로에 의존하는 곳이라고 할 수 있다. 가이드에게 의존하는 이유는 단기적으로 돈을 빨리 벌 수 있기 때문이다. 그러다 보니 가이드의 유혹을 뿌리치기 쉽지 않다. 여기에서 역순환의 함정이 시작된다. 가이드에게 떼어주는 돈이 만만치 않다 보니 주인의 주 관심사는 어떻게 하면 비용이 적게 드는 조리법을 개발해 고객을 적당히 응대하느냐로 옮아가게 된다. 이런 방식이 반복되면 손님이 알아차리고 가게를 떠나면서 망하게 되는 것이다. 왕비집은 다르게 생각했다. 가이드들에게

초월적 가치경영

의존하면 당장의 수익은 생길지 모르지만 결국 문을 닫을 것이라는 것이다. 그래서 돈을 쉽게 버는 방법을 택하기보다 돈을 벌게 해주는 고객과 더 밀착하자고 생각했다.

문제는 이런 생각을 하기가 쉽지 않다는 것이다. 당장 손해가 나 문을 닫을 것 같다는 생각이 앞서기 때문이다. 이것을 극복하기 위해서는 초월적 가치에 대한 확고한 신념이 필요하다. 초월적 가치 경영은 분명히 단기적으로는 기업에 어려움을 줄 수도 있다. 하지만 길게 보면 기업을 크게 키우는 유일한 방법이다.

코스맥스의 성장 역사를 들여다보면 초월적 가치경영의 위력을 새삼 느낄 수 있다. 특히 해외 비즈니스에서의 성과는 모두 고객을 향한 초월적 가치경영의 덕분이라고 해도 과언이 아니다. 코스맥스의 해외 비즈니스는 비단 중국에만 국한되지 않는다. 코스맥스의 고객들은 로레알, 에스티로더그룹, 크리스찬디오르, 존슨앤드존슨으로 확장되었고 특히 자존심이 강한 일본의 톱 브랜드들도 핵심고객으로 들어와 있다. 어떻게 이들이 코스맥스의 고객이 되었을까?

예를 들어보자. 해외의 힘 있는 고객들과 거래를 할 경우 그들의 요구는 하늘을 찌른다. 짜증스럽게 받아들이면 거래는 그것으로 끝이다. 거꾸로 생각해 내가 고객이라면 나는 어떻게 했을까를 생각하는 것이 중요하다. 코스맥스는 이러한 생각으로 해외 고객사들을 대했다. "조금 더 많이 준다고 생각하자"라고 마음을 먹으면서다. 그렇다고 해서 이들이 쉽게 끌려오지는 않는다. 올 듯 말 듯 애를 먹이며 시간을 끈다. 로레알과의 정식 거래를 성사시키는 데 8년이 걸렸다. 에스티로더와는 6년의 공을 들였다. 크리스찬디오르는 5년 그리고 일본 고객사와는 8년의 시간이 필요했다. 비록 이들로부터 아무것도 얻는 것이 없다고 해도 그 지루한 시간을 버텼다. 관계를 끈질기에 유지하면서 코스맥스와 거래를 하면 이익이 생긴다는 메시지를 지속적으로 보냈기 때문이다.

해외 톱 브랜드 고객사들과 관계를 가지게 된 것은 코스맥스식 노하우 덕분이다. 첫 번째는 '곧바로 피드백 해주기'다. 아무리 사소한 일이라도 문의가 오면 즉시 피드백을 해주는 것이다. 단순히 "된다" "안 된다"가 아니라 요청한 일이 어떻게 진행되고 있는지를 세세하게 알려주는 것이다. 두 번째는 모든 회신은 당일로 처리하는 것이다. 문의가 오면 절대 상대방의 시간으로 하루를 넘기지 않았다. 해외 비즈니스에서는 하루를 놓치면 시차로 인해 쉽게 2~3일이 지연된다. 이것을 방지하기 위해 무조건 당일 회신을 했다. 세 번째는 거래선의 담당자와는 절대로 인연의 끈을 놓지 않았다. 일과 무관한 경우에도 접촉했다. 친구가 소식을 전하듯 접촉했다. 이런 노력의 결과들이 서서히 나타나기 시작했다. 거래 기업들이 자신들의 정보를 경쟁사보다 코스맥스에 먼저 알려주기 시작한 것이다.

미국의 한 대형 화장품 및 의약품 회사와 거래가 이루어질 때의 일이다. 지속적으로 연락을 취하던 이 회사의 담당자로부터 연락이 왔다. 회사의 최고위층 사람들이 한국에 가있는 동안 코스맥스를 1시간 정도 방문하고 싶다는 것이었다. 방문 날짜를 보니 일요일이었다. 추측컨대 최고경영자가 가볍게 한번 둘러보고 갈 모양이었다. 자신들에게 클렌징 제품을 하나 납품한 코스맥스라는 회사가 어떤 회사인지 궁금했던 것이다. 이것을 기회라고 코스맥스는 생각했다. 방문일이 되자 자신들과 거래하는 해외 기업들이 어떤 속도로 신제품을 개발하는지 브리핑했다. 이 기업들의 신제품 개발 속도는 6개월에서 9개월 정도인데 그 이유가 자신들과 협력했기 때문임을 설명했다. 그리고 코스맥스가 납품 중인 클렌징 제품의 개발과정과 개발 속도를 설명해주었다. 그 자리에서 이 회사의 최고경영자는 놀라움을 보였다고 한다. 자신들의 신제품 주기는 짧아야 2년인데 코스맥스가 자기들보다 훨씬 빠른 속도로 마무리 짓는 것에 감탄한 것이다. 결국 이 회사는 코스맥스의 핵심 거래선이 되었다.

로레알은 코스맥스의 능력을 8년 동안 지켜본 회사다. 이런 시간이 지나자 이 회사는 코스맥스의 가장 강력한 고객으로 변모하였다. 이후에는 오히려 로레알이 앞장서 미국에 있는 자신들의 공장을 저렴한 가격에 인수할 것을 코스맥스에 제안했다. 오하이오에 있는 자신들의 공장을 다른 곳으로 이전하려고 하는데 이곳을 인수할 의향이 없느냐고 물어온 것이다. 코스맥스는 제안을 큰 고민 없이 받아들였다. 로레알과 쌓은 신뢰가 충분하다고 생각해서다. 코스맥스가 해외시장을 개척하는 방식은 늘 이런 식이다. 철저히 상대를 먼저 생각하고 신뢰를 만들고 기다리는 전략을 사용했다. 시간이 걸려도 그들이 관찰하는 과정을 묵묵히 기다렸다. 이 관문을 통과하자 해외 비즈니스는 봇물처럼 터졌다.

이런 노력은 코스맥스의 성장방식이 선순환구조에 입각해 있음을 보여준다. 당장에 실익이 나는 거래를 쫓는 것이 아니라 멀지만 차근차근, 그리고 자신이 아닌 남인 고객이 유리한 방향으로 나아가는 힘이 코스맥스에 있었던 것이다. 이것을 지탱하게 해준 가장 강력한 힘이 바로 초월적 가치경영에 대한 믿음과 실천이다. IMF사태가 터졌을 때 코스맥스는 자신보다는 고객을 먼저 생각했다. 중국에 진출했을 때에도 급하게 돈을 버는 것에 관심을 두지 않았다. 유럽과 미국 그리고 일본의 거래선을 확보할 때도 마찬가지였다. 왜 코스맥스가 이렇게 움직였을까? 바로 기업 내부에 흐르는 고객을 향한 초월적 가치에 대한 믿음과 이것이 결국 기업의 성장에 중추적인 엔진역할을 할 것을 알고 있었기 때문이다.

초월적 가치경영의 핵심: 마음 얻기

비즈니스 모델에서의 선순환구조란 고객이라는 남을 향한 초월적 가치경영을 다른 시각으로 설명한 것에 불과하다. 그렇다고 초월적 가치는 고객만을 지향점으로 삼는 것은 아니다. 조직 구성원들과 사회를 향해서도 작동해야 한다.

이와 관련해 중국의 옛이야기를 하나 해보자. 어떻게 패현 지방의 동네 양아치인 유방이 초나라 귀족 출신이었던 항우를 물리치고 중국 역사의 거대한 획을 긋는 한 제국을 세웠을까? 싸우면 무조건 항우에게 졌고 도망가기를 밥 먹듯이 하던 유방이 어떻게 항우를 꺾을 수 있었던 것일까? 항우가 처절히 몰락하게 된 결정적인 단서는 항우 자신에게 있었다. 항우는 백성들의 마음도 그리고 자신을 도와주는 주위 사람들의 마음도 얻지 못했기 때문이다.

항우군의 문제는 항우가 진나라 수도인 함양으로 입성하면서부터 나타났다. 진나라의 멸망은 사실 항우군에 의한 것은 아니다. 유방군이 먼저 진나라의 수도 함양에 입성했고 이들에 의해 진나라는 무너졌다. 하지만 항우군의 막강한 힘을 알고 있던 유방은 항우에게 패권을 넘겨주고 말았다. 어쨌든 항우는 통일 중국의 패권을 가진 권력의 일인자가 되었다.

이때 문제가 발생했다. 초나라 출신인 항우는 진나라 사람들을 원수로 인식했다. 이런 인식은 모든 초나라 사람들에게 공통된 것이었다. 진나라가 통일제국을 만들어가고 있을 때 진은 초나라의 마지막 왕인 회를 붙잡았고 그를 죽여 초나라 사람들을 조롱했다. 이로 인해 초나라 사람들은 진나라를 철천지원수로 인식했다. 그 기억이 항우에게도 남아 있었다. 진나라를 무너뜨리고서도 자신을 초패왕이라고 부른 이유도 초나라의 자존심을 찾기 위한 마음에서였다. 그러자 함양에 입성한 항우군은 진나라 백성들을 잔혹하게 죽였고 여자들을 닥치는 대로 강간했다. 보이는 재산은 모두 노략질의 대상이 되었다. 진시황이 건설한 아방궁을 포함한 모든 궁들이 불태워졌다. 유방군이 함양에 먼저 들어와 진나라 사람들에 대한 적대 행위를 모두 금지시키고 노략질을 엄하게 금한 것과는 큰 차이가 있었다. 그 이전에는 이런 일도 있었다. 현재의 허난성에 해당하는 신안에서 항복한 진나라군 20만 명을 절벽으로 떨어뜨려 몰살시킨 사건이다. 이런 일련의 사건들이 합쳐지면서 항우군은 잔인한 군대로 인식되고 있었다. 그러자 진나라 모든 백성들은 항우를 적으로 간주했다. 그리고 점령지의 백성들도 겉으로는 머리를 숙이되 그를 진정한 리더로 받아들이지 않았다.

잔학한 일들을 벌일 때마다 적극적으로 항우를 막아선 사람이 있었다. 항우의 멘토 범증이다. 그는 노련한 전략가로 미래의 변화를 감지하는 능력이 있었다. 항우의 나이가 약 26세임에 비해 범증의 나이는 70세가 넘은 노인이었다. 범증은 항우가 대제국을 일으키는 목표를 이루기 위해서는 진나를 포함하여 모든 백성들을 포용해야 한다고 주장했다. 포악한 진 제국을 대신해 만들어질 새로운 제국은 경쟁자에게는 단호하되 백성들에게는 온화해야 한다고 설파했다. 하지만 항우는 반대로 움직였다. 백성들의 마음을 사는 데에는 실패하고 범증이 주문한 경쟁자에 대한 단호함은 오히려 누그러뜨렸다.

항우와 범증 사이에 이런 실랑이가 오랫동안 진행되었다. 그러면서 서서히 항우와 범증 사이가 갈라졌다. 이것을 안 유방 진영이 범증이 자신들과 내통하고 있다는 거짓 정보를 흘려 항우로 하여금 범증을 내쫓게 하는 계략을 꾸몄다. 그렇지 않아도 성가시던 차에 항우는 범증을 쫓아내버렸다. 이후 항우는 자신의 휘하에 있는 다른 장수들도 믿지 못했다. 항우군의 내부는 뒤숭숭했다. 항우에게 의심받지 않기 위해 장수들은 전전긍긍했다. 얼마든지 승산이 있는 전투에도 나서지 않았다. 항우는 백성의 마음도 자기를 도와주는 장수들의 마음도 얻지 못하게 되었다.

마침 내 유방군과 항우군이 정면으로 부딪쳤다. 이때 항우군은 식량보급에 큰 문제가 있었다. 이것을 해결하기 위해서는 백성들의 지원이 절실했다. 하지만 백성들은 항우군에게 쌀 한 톨 건네주지 않았다. 오히려 항우군의 일거수 일투족을 유방군에게 알려주었다. 결국 항우는 해하垓下에서 벌어진 마지막 전투에서 유방, 한신 그리고 팽월의 집중적인 포위공격을 받게 되었다. 그 유명한 '사면초가'의 고사가 여기서 유래한 것이다. 사방에서 들려오는 초나라의 구슬픈 노래가 더 이상 싸울 힘을 잃은 병사들의 마음을 찢어놓았다. 그리고 항우군은 괴멸되었다. 간신히 도망가게 된 항우는 오강烏江이라는 곳에 다다르게 된다. 하지만 강을 건너라는 사공의 권유를 거부하고 자결함으로써 인생을 마감한다. 이러한 슬픈 이야기가 〈패왕별희覇王別姬〉라는 경극으로 전해지고 있다. 초나라 왕 항우가 자신이 사랑하는 우희와 죽음으로 이별한다는 내용을 담은 경극이다. 항우와 유방의 싸움은 5년 만에 유방의 승리로 끝났다.

굳이 중국의 옛 이야기를 하는 이유가 있다. 예나 지금이나 조직의 강건함은 조직 자체의 능력에만 있지 않다는 것이다. 아무리 막강한 조직이 있어도 조직을 지원하는 주위 세력이 없으면 결국 그 조직은 스스로 무너진다는 것이다. 항우군이 아무리 강해도 세상 사람들과 구성원들의 지원이 사라지자 버티기 어려웠던 것과 유사하다.

반대의 경우도 있다. 웅진그룹은 한순간의 전략적 실수로 회사가 어려워졌지만 건강한 정신세계 덕분에 회사를 다시 살리는 기회를 가지게 된 곳이다. 웅진그룹은 한때 재계 서열 31위까지 올랐던 한국의 대표적인 기업이었다. 브리태니커 사전을 팔던 기업이 한국의 신데렐라 기업이 된 것이다. 그런데 이 그룹이 극동건설을 인수하면서 탈이 났다. 인수비용이 과다했다는 측면도 있었지만 더 큰 이유는 잘 모르는 사업에 무리하게 뛰어든 것이 화근이었다. 어쨌든 이 일로 법정관리라는 최악의 상황으로 몰리게 되었다. 웅진그룹의 설립자는 1천억 원대의 배임 혐의까지 의심받았다. 그런데 검찰이 설립자를 배임혐의로 기소하면서 그를 구속하지 않았다. 설립자의 개인 비리가 한 건도 발견되지 않았기 때문이었다. 흔히 비리사건에 연루되는 차명계좌나 비자금도 일체 없었다.

　법정관리를 받던 중에 웅진그룹이 보여준 태도도 위기를 극복하는 데 큰 힘으로 작용했다. 웅진그룹은 법정관리 상황에서도 담보가 없는 무담보 채권자들에게 71%는 현금으로, 나머지는 출자금으로 전환하는 형태로 모두 갚았다. 보통 법정관리에 들어가면 무담보 채권의 현금변제는 잘 이루어지지 않거나 그 비율이 50% 선을 밑돈다. 하지만 웅진은 현금변제를 높은 비율로 실시함으로써 자신들을 믿고 돈을 빌려준 채권자에게 최대한 신의를 보였다. 자금 사정이 열악한 영세업자들에게 빌렸던 1천만 원 이하 채무는 우선적으로 갚았다. 마지막 남은 무담보 채무 1,470억 원도 처음에는 2022년까지 분할로 변제하기로 했지만 6년을 앞당겨 다 갚았다. 이

　　　　　　　　　　　　　　　　　　초월적 가치경영

로써 조기변제 신청을 하지 않은 채무를 제외하면 법정관리 2년 만에 모든 채무를 갚은 셈이 되었다.

어떻게 이것이 가능했을까? 세상이 웅진을 다시 돕기 시작했기 때문이다. 설립자는 재판을 받으면서도 새로운 사업을 발굴했다. 브리태니커를 팔던 시절의 노하우를 십분 발휘해 수백만 원짜리 전집을 월 회비만 내면 태블릿PC로 무한정 읽을 수 있는 서비스를 내놓았던 것이다.[20] 이런 사업이 가능했던 것은 검찰이 그가 4년형을 선고받았음에도 그를 법정구속하지 않았기 때문이다. 그가 기업을 경영하면서 보여준 진정성을 높이 샀던 것이다. 그리고 그는 2심에서 집행유예로 감형되었다. 이를 두고 매스컴에서는 비판적 시각도 나왔다. 하지만 그 덕분에 웅진은 새로운 도약을 할 수 있는 기회를 잡았다. 실수나 잘못이 있다고 해도 세상이 반드시 강력한 벌만 주는 것은 아니다. 다양한 이유가 있을 수 있지만 건강한 정신세계가 작동하면 세상도 너그러움을 보인다.

기업에 있어서 가장 강력한 정신세계는 초월적 가치를 유지하는 것이다. 나보다 타인을 우선시하는 가치, 이것을 통해 타인이 나를 돕도록 하는 것이 바로 초월적 가치다. 초월적 가치가 조직 내부의 정신세계로 자리 잡게 되면 모든 구성원들은 비즈니스를 선순환 구조의 관점에서 바라볼 수 있다. 초월적 가치에 대한 인식이 없으면 기업은 비즈니스의 역순환 구조에 갇혀 퇴행적 행위를 하게 된다.

옥시라는 영국계 회사가 한국에서 독성물질이 든 가습기살균제를 판매해 많은 사람들을 죽음에 빠뜨린 일도 이러한 역순환 구조에 의한 퇴행성과 무관하지 않다. 이유는 이 기업에는 애초부터 고객을 향한 그리고 사회를 향한 가치가 존재하지 않았기 때문이다. 또한 구성원을 향한 초월적 가치에 대한 인식이 없으면 일본에서 덮밥을 판매하는 스키야라는 기업처럼 구성원들을 함부로 대하게 된다.

코스맥스라는 회사를 깊이 있게 관찰한 데에는 몇 가지 이유가 있다. 첫째, 코스맥스를 통해 초월적 가치경영이 기업성장의 장애가 아닌 새로운 성장방식이 될 수 있음을 보여주기 위해서다. 둘째, 초월적 가치경영을 위해서는 기업 내부에서 어떤 일이 일어나야 하는지를 알아보기 위해서다. 셋째, 이 기업의 예를 통해 다른 기업들에서도 초월적 가치경영이 전개되기를 바라는 마음에서다.

분명히 말하지만 초월적 가치경영은 무조건 남을 돕는 '이타적 이타성'을 의미하지 않는다. 기업은 자선단체가 아니다. 그리고 자선단체인 것처럼 행동해서도 안 된다. 기업은 한 국가의 고용을 창출하고 국부를 만들어낼 책임을 일차적으로 지는 곳이다. 그렇다고 기업이 '이기적 이기심'만으로 운영된다면 기업들은 결국 고객과 회사 내 구성원 그리고 사회로부터 유리되는 결과를 초래하게 된다. 이런 기업들이 오래 생존할 리 만무하다. 그렇다면 기업은 어떤 선택을 해야 하는가? '이타적 이기성'에 눈을 떠보자는 것이다. 남을 우선 생각하되 이것이 되돌아와 내게 이득이 되도록 해보자는 것이다. 한국에 이런 방식으로 비즈니스를 생각하는 기업들이 많아지기를 바라면서 긴 여행을 마치려 한다.

주석

1) http://www.yonhapnews.co.kr/bulletin/2016/04/26/0200000000A KR20160426135200009.HTML

2) Speculand, R. and Chaudhary, R. 2008. *Living Organisational Values: The Bridges Value Inculcation Model*, Emerald Group Publishing BUSINESS STRATEGY SERIES, 9(6), 1-8. 의 모형 수정

3) http://www.labortoday.co.kr/news/articleView.html?idxno=93421
http://biz.chosun.com/site/data/html_dir/2011/12/23/2011122301689.html

4) https://namu.wiki/w/LA%20%ED%8F%AD%EB%8F%99#fn-15

5) http://news.mk.co.kr/newsRead.php?no=119756&year=2016

6) 토니 슈워츠, 캐서린 맥카시, 진 고메스 공저, 박세연 옮김, 리더스북, 2011.

7) http://www.hankyung.com/news/app/newsview.php?aid=2016031616191

8) IBK 기업은행, 『Cosmax Success Story』, 2014.

9) 이들 가치에 대한 구분은 H. Bourne & M.Jenkins, "Organizational values: A dynamic perspective", *Organization Studies*, 34(4), 495-514(2013)의 연구에서 영감을 받았음. 다만, Bourne & Jenkins(2013)는 조직가치를 표방가치, 열망가치, 공유가치, 속성가치로 구분했지만, 이 책에서는 이것이 조직의 상황을 정확히 나타내지 못한다고 생각해 표방가치, 규범가치, 솔선가치, 공유가치로 제시했음. 또한 이들 조직가치들을 배치하는 차원의 정의도 달리 했음. 가치들 간의 괴리로 인한 설명은 Bourne & Jenkins(2013)의 연구를 수정해 사용했음.

10) http://www.jangup.com/news/articleView.html?idxno=52898

11) DBR, 「고객사 고통 나누고, 시장 파이 함께 키우고…로레알 넘어 중국 女心까지 사로잡다.」《동아비즈니스리뷰 DBR》No. 166, p.41-49, 2014,

12) http://news.mk.co.kr/newsRead.php?no=1042050&year=2015

13) IBK 기업은행(2014) 보고서

14) 이홍, 『비즈니스의 맥』, 삼성경제연구소, 2013.

15) 앞의 책.

16) 앞의 책.

17) 앞의 책.

18) http://news.chosun.com/site/data/html_dir/2016/01/29/2016012900137.html

19) http://www.hankyung.com/news/app/newsview.php?aid=2016021248231

20) http://www.hankyung.com/news/app/newsview.php?aid=2016060105271

초월적 가치경영

1판 1쇄 인쇄 2016년 11월 15일
1판 1쇄 발행 2016년 11월 22일

지은이 이홍

발행인 김기중
주간 신선영
편집 강정민, 박이랑, 정진숙
마케팅 정혜영
펴낸곳 도서출판 더숲
주소 서울시 마포구 양화로 16길 18(서교동) 3층 301호, (04039)
전화 02-3141-8301~2
팩스 02-3141-8303
이메일 thesouppub@naver.com
페이스북 페이지 : @thesoupbook, **트위터** : @thesouppub
출판신고 2009년 3월 30일 제2009-000062호

ⓒ이홍, 2016. Printed in Seoul, Korea

ISBN 979-11-86900-20-8 (03320)